유어보틀위크 아카이빙 북

일주일만
해보면
어떨까요?

유어보틀위크와 함께한 3년,
제로웨이스트로 바꾸는 우리 동네 풍경

BOTTLE FACTORY

일러두기

이 책은 제로웨이스트 페스티벌 《유어보틀위크》(2018-2020)를
함께 만들어온 사람들의 목소리를 통해 그들의 경험을 기록한 결과물입니다.

차례

일회용품 사용을 줄여보는 일주일, 유어보틀위크.

이름도 생소한 행사를 일 년에 한 번씩 하고 있다. 일주일만 해보는 것으로 시작했지만, 다음 해엔 2주가 되고, 그다음엔 1달이 됐다.

행사를 준비하고 또 치르고 나면 체력이 완전히 바닥나 차마 정리와 기록을 남기지 못했다. '내년엔 잘해보자'며 넘겨왔다고 해야겠다. 그런데 2020년 행사에 참가한 이들이 SNS에 공유한 것들을 보고는 이를 더 많은 사람들과 함께 나누고 싶다는 생각이 들었다. 이리저리 흩어져 있는 목소리들을 모으기 시작했다.

"약간의 수고스러움이 의외로 엄청 큰 만족이다."
"오히려 여유가 생기는 것 같다."
"생각보다 빨리 습관이 되었다."

물건과 식자재를 구입하는 경험이 로켓과 새벽이라는 단어로 대변되는 시대. 빠르고 편한 가치가 무엇보다 우선시되는 시대에 불편하고 느린 방식을 경험한 후기는 의외로 발랄하고 활기찬 톤이었다. 예상치 못했던 가치를 발견했다는, 생각보다 해볼 만하다는, 심지어 즐겁다는, 그런 말들이었다.

내가 무언가 시도하거나 해보자고 제안할 때 가장 많이 들었던 말은 '안 될 거야'다. 경험을 바탕으로 한 '안 돼'가 아닌 한계부터 지어버리는 추측의 말. 하지만 막상 해보면 생각보다 해볼 만한 것들이 많다. 그래서 실제로 해보는 것이 중요하다고 생각한다.

유어보틀위크는 그 경험을 제공하기 위해 시작한 행사다. '안 될 거야'에서 '해볼 만하네?'로 바뀔 수 있는 경험. 그 경험의 시작을 제공하는 것이다. 일회용품 없이 구입하려면 소비자의 노력만이 아닌 판매자의 환경 변화도 필요하기 때문에 양쪽 모두의 경험을 만드는 것이 중요했다. 어렵게 느껴진다면 일주일이라도.

세 번째 보틀위크를 준비할 즈음 동네에 새로 생긴 떡집에 통을 들고 가 포장 없이 떡을 살 수 있는지 물었다. 사장님은 고개를 갸웃거리며 혼잣말을 하셨다.

"이 동네 이상하네…"

내가 묻기 전에도 통에 담아 갈 수 있는지 물어본 사람이 몇 명 있었단다. 만약 그게 나 혼자였다면 아침 일찍 사장님이 떡 포장을 해놓기 전에 가서 사는 방법밖에 없었을 테다. 그런데 동네의 다른 누군가가 같은 요청을 한다면, 그런 사람이 한 명 두 명 늘어난다면, 언젠가 이 떡집의 판매 환경이 바뀔 수도 있지 않을까?

'이상한' 방식을 제안하는 유어보틀위크와 채우장을 경험하면서 이곳 연희동에 제로웨이스트 문화가 조금씩 스며들고 있다. 어느새 식자재를 벌크 판매하는 방식으로 바꾼 가게들이 늘어났고, 그곳에 통을 들고 가는 사람들이 생겼다. 이 책은 동네 사람들이 조금씩 만들어온 이와 같은 변화를 기록한다. 제로웨이스트 페스티벌 '유어보틀위크'에 대한 경험을 중심에 두고서.

책에서는 그 경험을 세 장에 걸쳐 각기 다른 층위의 목소리로 담고자 했다. 각 장의 제목은 순서대로 첫째, 둘째, 셋째 유어보틀위크의 슬로건을 그대로 차용했는데, 매해의 지향점과 그 변화의 모습이 이 책의 각 장에서 다루고자 한 내용과 그 흐름에 잘 부합했기 때문이다.

제1장 「일회용품 없는 일주일」에서는 "일주일만 해보면 어떨까요?"라는 제안을 통해 유어보틀위크를 시작한 계기와 의도를 설명하며 그간 행로를 되돌아보았다. 지난 3년 동안 3번의 행사를 치르며 조금씩 방향을 달리한 유어보틀위크 자체의 변화에 대한 이야기다.

제2장 「우리 동네에서 시작되는 변화」는 유어보틀위크에 참여해 무포장 판매를 실천한 동네 가게 다섯 곳의 인터뷰를 담았다. 첫해에 함께한 카페 커피감각, 둘째 해부터 함께한 방앗간 경성참기름집, 셋째 해를 함께한 쌀집 경복쌀상회와 밥집 엄마식탁과 두부집 명문식품에 찾아가 판매자의 입장과 소감을 물었다.

제3장 「버릴 것 없이 채우는 일상」은 유어보틀위크에 참여해 무포장 구입을 실천한 사람들의 이야기로 채워진다. 셋째 해에 '락앤락커' 서포터즈로 함께한 이들이 SNS에 게시한 후기들을 모은 것이다.

어디까지나 이 기록의 시작은 '사람들이 공유한 목소리를 함께 나누기 위해서'였다. 시작해보는 사람들의 목소리가 힘겹지만은 않고 밝고 즐거웠다는 것. 앞으로도 해볼 수 있겠다는 활기찬 의지가 있다는 것. 아직 해보지 않은 사람들에게 이 사실을, 그리고 이제 막 경험해보고 바뀌어가고 있는 가게의 이야기를 전하고 싶었다.

　이곳저곳 통을 들고 다니며 질문을 건넸을 동네 사람들을 상상하니 귀여워 웃음이 지어진다. 이들 발걸음이 하나하나 보태지면 지금의 견고한 시스템에 틈을 만들 수 있지 않을까.

보틀팩토리 대표 정다운

제1장
일회용품 없는
일주일

"일회용품 없는 일주일"은 첫 번째
유어보틀위크(2018)의 슬로건이자, 왜인지 어렵게만
느껴지는 제로웨이스트의 문턱을 낮춰주는 주문이다.
일주일이면 가능하지 않을까?
보틀팩토리 대표 정다운과의 대화를 재구성한
이 장에서 우리는 유어보틀위크가 지나온 행로와
그에 따른 풍경의 변화를 살펴본다.

▸ 일주일이라는 씨앗
▸ 1, 2, 3, 바톤 터치
▸ 다음을 위한 생각들
▸ 페스티벌 준비물!

일주일이라는 씨앗

쓰레기통 위로 산처럼 쌓인 일회용 컵 더미 앞에서 시작됐는지도 모른다. 물음표가 씨앗이었다. '대체 이게 몇 개야?' 하는 질문은 '일회용품 없는 카페가 가능할까?'로 이어졌고, 보틀팩토리는 다회용 컵 대여 서비스를 구상하며 2018년 연희동에서 문을 열었다. 그럼 유어보틀위크는? 다음은 그에 대한 이야기다.

어디서부터 얘기하면 좋을까요. 처음부터요?

환경 문제에 관심을 갖게 된 계기가 특별히 있었던 건 아니에요. 물건이 쓸데없이 낭비되는 걸 원체 잘 못 보는 사람이었다고 하죠. 예전에 큰 전자 회사에서 그래픽 디자이너로 일했는데요. 사람들이 이면지나 가위나 칼 같은 사무용품을 너무 쉽게 버리더라고요. 그리고 일회용 컵. 보통 하루에 커피를 두세 잔 정도 마시니까 회사한 층에 버려지는 수량만 해도 어마어마했어요.

한번은 컵을 버리려고 쓰레기통에 갔더니 이미 꽉 찬 통 위로 컵들이 쌓여 있더라고요. 빨대 때문에 더 이상 올릴 수 없었는지 컵들을 바닥에 쭉 세워 놨어요. 뭔가 잘못됐다. 쓰레기통 하나로는 감당이 안 되는구나. 층마다 이럴 거 아녜요? 창 너머로 건너편 빌딩이 보였어요. 저기도 똑같겠지… 그때, 눈앞에 테헤란로가 쫙 펼쳐지면서 건물마다 뭉텅이져 있을 일회용 컵들이 가늠되기 시작했어요. 두 건물에 하나씩 프랜차이즈 커피숍이 있으니, 대체 몇 개야? 한 달도 아니고 하루만 생각했는데도 너무 많은 거죠. 내일도 또 나오고 매일매일일 테고요. 아찔한 기분이 들었어요.

이 컵들이 정말 다 재활용되나? 이걸 수거해서 도대체 무슨 물건을 만들지? 이게 다 소진될 만큼 뭔가가 만들어지긴 해? 정말 필요한 물건일까? 질문이 생겼어요. 씨앗 같은 질문이.

퇴사하고, 디자인 스튜디오를 운영하고, 그린 디자인(green design)을 공부하면서 문제의식이 조금씩 확장되었어요. 그 과정에서 알게 된 몇 명의 사람들과 일회용 컵이 버려진 다음의 과정을 알아보러 쓰레기차를 추적해보기도 했고요. 〈쓰레기여행〉이라는 프로젝트였는데, 어느 정도 진행해도 컵이 어떻게 재활용되는지 정확히 알 수가 없는 거예요. 환경 문제에서 테이크아웃 컵 이슈가 너무 중요해서가 아니라, 이거 하나 알지 못하면 다른 것도 알 수 없겠다는 생각이 들었어요. 선별장 이후 과정에 대해 알기가 힘들었는데 '왜 이런 걸 알려고 하냐' '이유라도 있냐' 하며 반기지 않았거든요. 반대로 왜 이렇게 몰라야 하나 싶었죠. 대단한 기술을 알려달라는 것도 아니고 매일 쓰는 물건이 버려지는 과정이 궁금하다는데… 오기가 생겼어요.

그 후로 재활용이 안 된다는 사실을 확인하고 나니까, 그때부터 어젠다가 명확해졌습니다. 분리배출을 잘하기 전에, 안 써야 한다. 그럼 어떻게 해야 하지? 여러 고민이 떠올랐는데 그중 하나가 '일회용품 없는 카페가 가능할까?'였어요.

**일회용품 없는 카페가 가능할까? 디자인 스튜디오를 쪼
개어 만든 공유 공간에서 그 실험을 시작했다.**

디자인 스튜디오를 운영하면서 주변의 요리하는 친구들이 가게
차리기가 어렵다며 하소연하는 걸 왠지 자주 들었거든요. 문득 제
작업 공간을 시간별로 쪼개어 사용하면 어떨까 하는 아이디어가 떠
올라서 '프로젝트 하다'라는 공유 공간을 열었어요. 9평이 안 되는
작은 공간을 낮에는 제가 스튜디오로 쓰고, 그 외 시간에는 오픈했
죠. 공간이든 자본이든 경력이든, 문턱 없이 하고 싶은 것을 시도해
보는 공간이 되기를 바라면서요. 바로 그때 프로젝트 하다의 팝업
스토어 중 하나로 '보틀카페'를 실험한 겁니다.

어떻게 일회용 컵을 안 쓰면서 카페를 할 수 있을까 고민하다가
유리병에 음료를 담아서 보증금을 받고 팔기 시작했어요. 테이크아
웃을 하면 천 원이 더 올라가는데, 생소하잖아요. 원래 같으면 할인
을 받는단 말이죠. 손님들이 이걸 불쾌하게 생각할 줄 알았는데 꾸
준히 반납해주는 분이 있었고 그게 오히려 신기했어요. 이런 곳이
많아지면 편하겠다는 얘기도 나누고요.

스튜디오 옆에 고깃집이 있었는데요. 어쩌다가 소주병이랑 맥주
병이 회수되는 걸 봤어요. 매일 있던 일이었는데 유리병을 가지고
고민하다 보니 새삼 눈에 들어온 거예요. 그때까지 인지를 못 하고
있었는데 브랜드가 달라도 병은 같은 걸 써요. 라벨만 떼어내고 소
독해서 재사용하는 시스템이에요. 병이 제각각인 상태에서 '이제부
터 병을 통일하고 회수해서 닦고 재사용하자!' 하면 말도 안 된다고

생각할 수도 있을 텐데, 이미 2009년부터 시행 중인 시스템이더라고요.

그때 무슨 생각이 들었느냐면… '카페의 테이크아웃 컵도 공유하고 재사용하면 어떨까?' 스타벅스가 생기고, 음료를 일회용 컵에 테이크아웃하게 되고, 어느샌가 그게 당연해진 거잖아요. 첫 단추가 '음료를 밖으로 가지고 나가려면 자기 컵이 있거나 컵을 빌려야 한다'였으면 어땠을까 상상했어요.

보틀카페가 많아지게 하는 서비스가 생기면 어떨까? 그때부터 컵을 수거하고 세척하는 서비스를 고민하게 됐습니다. 그래서 확장된 개념의 '보틀팩토리'라는 이름을 지었어요. 우선 본격적으로 일회용품 없이 카페를 하면서 작게라도 세척소를 해봐야겠다 싶어서 지금 자리에서 시작했고요. 그게 2018년이에요.

다회용 컵 대여 서비스를 목표로 2018년 지금의 연희동 자리에 문을 연 보틀팩토리. 카페로 균형을 잡으며 여러 가지 콘텐츠를 통해 관계망을 넓혀왔다.

보틀팩토리 공간을 시작할 때 목표는 다회용 컵 대여 서비스를 시작하는 것이었어요. 수식어도 '우리동네 컵 세척소'였고요. 말하자면 컵 대여 서비스를 위한 '세척소 겸 카페'인 셈인데, 경험이 없어서 카페로 자리 잡는 데만 해도 시간이 많이 걸렸어요. 오픈부터 시작해서 말 그대로 하나하나 배워갔습니다. 게다가 매장 내 일회용 컵 사용 금지 제도가 시행되기 전이었고, 지금처럼 제로웨이스트 문화가 어느 정도 퍼진 것도 아니었기 때문에 '어떻게' 할지에 대한 고민보다 '왜' 해야 하는지에 대한 이해를 다지는 일이 먼저였어요. 일회용 컵이 거의 재활용되지 않는다는 사실부터 알려야 했죠.

이제 공간은 자리가 잡힌 것 같아요. 취지는 잘 몰랐지만 자주 들르다가 단골이 된 분도 있고요. 취지 때문에 일부러 찾아오는 분도 있고요. 카페만이 아니라 메시지나 콘텐츠로 관계가 생성된 사람들도 많이 있어요. 《채우장》이나 《유어보틀위크》가 대표적이죠. 공론장을 비롯해 다양한 이벤트를 진행했고요.

채우장의 경우, 실은 개인적인 필요로 시작했습니다. 사는 곳을 옮기면서 제로웨이스트 일상을 유지하기가 힘들어졌거든요. 이전 동네 시장에는 반찬과 떡, 심지어 쌀도 포장 없이 판매하는 가게들이 있어서 용기를 들고 가서 장을 봤는데, 지금 사는 곳 근처 마트에는 브로콜리 하나마저 스티로폼과 랩에 싸여 있어요. 아무리 노력한들 쓰레기를 줄이기 힘든 상황인 거죠. 무포장으로 판매하는 마트를 뚝딱 만들 수는 없으니, 동네 소규모 상인들의 물건을 모아 판매하면 어떨까 싶었어요. 한 달에 한 번 지역 상인들이 물건을 포장 없이 판매하고, 소비자는 용기를 가져와서 채우는 장터. 그래서 채우장(場)이라는 이름을 붙였습니다.

유어보틀위크는… 보틀팩토리를 시작하며 주변 카페들과도 일회용품 없이 가게를 운영하는 일을 같이해보고 싶었는데요. 다른 곳과 컵을 공유하는 일이 쉽지 않더라고요. 컵뿐만 아니라 세척이나 운반에 필요한 하드웨어 등 인프라를 구축해야 하고, 준비가 많이 필요해요. 그래서 유어보틀위크를 시작한 거예요. 다른 카페 입장에서 생각해보면 판매 방식을 단번에 바꾸기는 어려워도 일주일만 해보는 건 가능할 것 같았거든요.

> 일회용품 없이 카페를 운영하기는 쉽지 않은 일이다.
> 하지만 일주일만 한다면? 유어보틀위크의 시작은 '일주
> 일'이라는 조건으로 그 문턱을 낮추고자 하는 시도였다.

첫해 슬로건이 "일회용품 없는 일주일"이었는데, 그 일주일이 중요했어요. '해보자' 하면 어려운데 '일주일만 해보자' 하면 덜 어렵잖아요. 오래전에 《고메위크》나 《백반위크》 같은 행사 리플렛을 받아보고 재밌다고 생각한 적이 있어요. 그렇게 하면 좋겠다 싶었습니다. 캠페인처럼 행동을 바꾸라고 크게 외치기보다는, 재미있는 이벤트를 열어서 같이하는 공간에 가보고 싶게 만드는 걸 지향하면서요.

처음 함께하자고 제안했던 7군데 카페는 특별히 접점이 있지는 않았고 그저 좋아하는 공간들이었어요. 그렇지만 얘기를 꺼내볼 수 있었던 건, 비빌 언덕이라고 해야 하나? 가능성이 보였기 때문이에요. 매장 내 일회용품 사용 규제가 시행되기 전이어서 어디든 일회용 컵을 많이 사용했는데, 그 카페들은 테이크아웃하겠다고 말하지 않으면 당연히 머그잔이나 유리컵에 음료를 내주는 곳들이었어요. 일회용 컵을 아무렇지 않게 쓰지 않는 곳들이니 어느 정도 문제의식을 갖고 있다고 해석한 거죠. 빨대를 따로 비치해놓고 필요한 사람만 쓰게 한다거나.

맨 처음으로 연남동 커피감각에 갔어요. 점주가 아는 분이었거든

요. 이런저런 이야기를 나누다 슬쩍 물어봤어요.

"일회용품 안 쓰기, 일주일만 해보면 어떨까요?"

그랬더니, 그냥 들어서는 잘 모르겠으니까 그 일주일 동안 뭘 해야 하고 뭘 안 해야 하는지 알려달라고, 그러면 대답해줄 수 있을 것 같다고 하셨어요. 돌아가서 당장 가이드를 만들었죠. '빨대는 미리 꽂지 말아주세요' 같은 체크리스트가 포함된 제안서를 구체적으로 작성해 보여드렸더니 오케이 하셨어요. 그다음에는 모르는 곳도 갔어요. 무작정 이야기 나누고 싶다고 한 다음에 제안서를 보여드리니 대부분 수락하셨어요.

뭉게구름처럼 떠 있던 아이디어였는데 커피감각을 통해 힌트를 얻었죠. 매장을 바삐 운영하는 입장에서 행사 취지를 담은 문서만 가져갔으면 이해를 구하기가 어려웠을 수도 있을 것 같아요. '내가 뭘 해야 하고 뭘 하지 말아야 하는 걸 알려줘'라는 말을 듣고 정리한 제안서 덕분에 점주분들이 즉각적으로 판단해서 결정하실 수 있었던 것 같아요.

1, 2, 3, 바톤 터치

첫 번째, "일회용품 없는 일주일". 두 번째, "우리 동네에서 시작되는 변화". 세 번째, "버릴 것 없이 채우는 일상". 유어보틀위크는 제로웨이스트 문화를 소개하는 페스티벌로서 '다르게 실천하는 경험'을 제공해왔다. 이 대화에서 유어보틀위크를 만드는 경험은 릴레이 경기에 곧잘 비유됐다. 이어지는 이야기는 그것이 무엇을 의미하는지에 대한 것이다.

기억에 남는 장면이요? 첫해 때는 마지막 날 밤이 너무 좋았어요. 저희 카페가 마치 살롱 같았달까. 언젠가 그렇게 사람들이 모이면 좋겠다고 생각했거든요. 책상이랑 의자를 다 치우고 이 팀 저 팀이 섞여서 편하게 왔다 갔다 하며 대화하는 그림을 그린 적이 있는데, 그게 이뤄졌죠.

그날 대화를 이끌어줄 퍼실리테이터를 모셨는데, 그중 한 분이 마포구청의 유광모 팀장님이에요. 〈쓰레기여행〉 프로젝트 때 정말 적극적으로 도와주셨던 분이죠. 음식 쓰레기 담당이어서 그 이야기를 해달라고 부탁드렸는데요. 사실 그런 자리에 모이는 사람들이 대부분 비슷한 또래인 데다가 구청 실무자가 오는 경우는 별로 없다 보니 분위기가 어색할까 봐 걱정했어요. 그런데 완전 반전. 팀장님 그

룹이 제일 시끌벅적하더라고요. 유 팀장님이 음식물 쓰레기를 퇴비화해서 키운 고추를 따온 거예요. 사람들이 고추를 된장에 찍어 먹으면서 이야기에 집중해요. 그 모습을 보면서 '왜 재밌어하지?' 싶었는데, 평소에 공무원과 직접 대화할 기회가 없잖아요. 이건 왜 안 돼요? 저건 왜 안 돼요? 이것저것 묻는 거예요. 맨날 끼리끼리 얘기하는 거 말고, 어려운 공청회 자리 말고, 동네에서 반상회처럼 이야기하는 자리가 이렇게 좋네. 사람들이 궁금한 게 이렇게 많았다니. 10시에 모임을 파해야 했는데 정리를 못 해서 11시 넘어서까지 이어지는 분위기였어요.

지금은 제로웨이스트라는 화두가 어느 정도 사회적 이슈가 됐는데 2018년만 해도 아니었거든요. 그런데 앞서 말했듯 유어보틀위크를 캠페인처럼 하고 싶지는 않았으니 7군데 카페에서 프로그램을 하나씩 열었던 거예요. 저희 카페에서의 마지막 밤도 그중 하나였고요.

각 공간에 맞는 프로그램을 기획하고, 시간을 조율하고, 진행자를 찾는 일이 쉽진 않았는데요. 사람들이 프로그램에 많이 참여하고, 또 흥미롭게 얘기하는 것을 보고 이런 연결이 필요하다는 것을 느꼈어요. 문턱 없는 불편하지 않은 자리, 자연스럽게 앉아서 대화할 수 있는 자리를 원하는구나. 같이 다큐멘터리를 보고 싶어 하고, 이야기를 나누고 싶어 하는구나. 점점 '커뮤니티'라는 키워드가 강해졌고, '동네'에서 만들어내는 뭔가에 대한 필요성이 몽글몽글 생겼습니다.

물론 한계도 있었어요. 어쨌든 첫 유어보틀위크는 일회용 컵을 안 쓰는 게 핵심이었는데요. 컵이 많이 필요했기 때문에 사용하지 않는 텀블러를 기부해달라고 요청했어요. 감사하게도 전국 각지에서 600개 정도를 보내주셨죠. 그것들을 세척하고 바구니에 담아서 유어보틀위크 기간에 일회용 컵 대신 대여해드렸어요. 카페에서 '일회용 컵을 절대로 쓰지 말라' 하면 영업에 제약이 되니까 손님이 선택할 수 있게 했거든요. 빨대 안 쓰기는 잘 이뤄졌지만, 일회용 컵을 안 쓴다는 첫 번째 취지만 두고 보면 성과가 크진 않았어요. 따로 대여를 기록하는 장치가 없어서 얼마나 줄였는지 파악할 수도 없었고요.

> 2019년 가을에 열린 두 번째 유어보틀위크에는 연희동 일대의 식당과 식품점 등도 합류했다. 판매자와 소비자 양쪽 모두가 어떤 변화를 공유했다. '포장 용기'를 매개로 하는 쌍방향 시작의 경험이었다.

첫해를 전략적으로 회고하면서 그다음 계획을 세우진 못했지만, 두 번째 유어보틀위크는 좀 더 확장된 느낌으로, 커뮤니티 안으로 들어왔습니다.

첫해의 7개 카페만 해도 지역으로 보자면 연희동, 상수동, 망원동 등지로 너르게 분포되어 있었어요. 이곳에서 텀블러를 빌려서 저곳으로 반납하기는 어려웠죠. 둘째 해에는 지역은 좁히고 가게를 늘렸는데, 카페가 아닌 다른 곳도 섭외했어요. 자연스레 슬로건이 "우리 동네에서 시작되는 변화"가 됐습니다.

'우리 동네'라는 키워드와 함께 '시작'이라는 키워드도 포인트였어요. 변화의 시작이 되는 경험. 유어보틀위크가 그 시작의 경험을 제공하면 좋겠다고 생각했거든요. 포장 용기를 들고 가게에 가는 일은 이미 생각과 의지가 있어서 하는 행동인데, 무심코 들어간 가게의 환경이 바뀌어 있는 경우는 다르잖아요. 행사 기간에 가게 환경을 바꿔놓음으로써 '무조건 일회용품 안 써야 해'가 아니어도 그와 비슷한 제안을 하는 거죠. 모르고 가도 해볼 수 있고. 그게 주요했습니다.

달리 보면 손님과 마찬가지로 가게도 경험해보는 거예요. 그 때문에 가게 입장에서 참여의 문턱을 낮추는 작업이 중요했어요. '어려울 것 없다, 행사 기간 동안 우리가 준비한 다회용기를 비치해놓고 담아주면 된다, 손님이 용기를 가져오면 리플릿에 도장만 찍어주면 된다, 그것도 직접 말할 필요 없다, 우리가 포스터와 POP를 준비한다' 해요. 어떻게 보면 허락만 구하는 식이죠. 그런데 이렇게만 말씀드려도 움츠러들어요. 평소에 일회용기 많이 쓰는데 괜찮냐고 하시면서. 아무 상관없다고 하죠. 그런 게 쌍방향 시작의 경험이에요. 장사하다가 어느 순간 '환경을 위해 일회용품 안 써야지' 하기는 어렵잖아요. 저희가 준비할 테니 사장님은 원래 하던 대로 하시면 된다고 마음 편하게 해드렸는데, 그 경험을 해보고 안 해보고는 차이가 있어요. 한 분식집 사장님은 신기하다고 놀라셨어요.

"사람들이 통을 가져와!"

유어보틀위크의 전제는 일주일로도 바뀔 수 있다고 생

각하는 마음이다. 바톤을 받은 누군가가 또 다른 누군가에게 다시 그 바톤을 전해주길 기대하는 마음.

어떤 매체에 유어보틀위크에 대한 기사가 나갔는데 "일주일? 장난하냐?"라는 악플이 달렸어요. 기분 나쁘다기보다 정말로 그렇지 않다고 말해주고 싶었어요. 일주일로도 바뀔 수 있어요. 쓰레기를 줍는 룸메이트와 3년을 같이 살아도 무감각하면 아무런 자극이 안 될 수 있고, 여행 가서 겪은 잠깐의 경험으로도 내 일상에 변화가 생길 수 있죠. 유어보틀위크는 다르게 실천해보거나 생각해보는 경험을 제공한다고 생각해요. 한 사람이라도 괜찮다. 진짜 딱 한 사람만이라도 우리가 던지는 공을 제대로 받으면 다른 사람에게 다시 던질 수 있으니까. 가게 하나여도 손님 한 명이라도 의미가 있다고 생각했어요.

첫 유어보틀위크 때 인스타그램에 후기를 올려준 분이 있어요. 빨대를 안 써본 경험에 대한 내용이었어요. 사진이 예뻐서 기억하고 있었는데, 그분이 나중에 따로 계정까지 만들어 제로웨이스트를 적극 실천하시더라고요. 두 번째 유어보틀위크를 준비할 때 생각났어요. '한 분이라도 공을 받았으면 좋겠다'에 해당하는 분이었으니까요. 메시지로 올해도 유어보틀위크 하는데 혹시 같이 기획해볼 생각이 있냐고 제안했는데 흔쾌히 수락하시더라고요. 덕분에 두 번째 해는 좀 더 풍성하게 기획할 수 있었죠.

한편으로는 더디지만 조금씩 바뀌는 부분들이 느껴지더라고요. 특히 지금은 없어진 가게 사장님의 반응이 기억나요. 버드네라는 식

당은 저희 포스터랑 POP를 폐업할 때까지 붙여놓으셨어요. 유어보틀위크 끝나고 가서 떼려고 하니까 사장님이 말려요. 그냥 두래요. '내 그릇에 포장해볼까요'가 적힌 POP였는데, 좋으셨대요. 유어보틀위크를 하면 대개 젊은 사람들과 소통하거든요. 피드백도 주로 SNS로 이뤄지고요. 이 동네 나이 많은 분들에게는 거의 닿질 못하죠. 그런데 제가 닿을 수 없는 곳에 버드네 사장님이 말을 건네주는 것 같았어요. 바톤을 받아서 어딘가에 전달해주시는 느낌이요.

"손님들한테 내가 말하고 있어~ 우리도 일회용품 안 쓰면 돈도 안 들고 좋지~"

김밥 살 때마다 항상 통을 가져갔는데, 처음에는 그게 익숙하지 않으셔서 통을 드려도 순식간에 종이에 싸고 그러셨어요. 차차 당연히 통에 담아 간다고 생각하시고, 자연스레 채식 얘기도 나누게 됐죠.

세 번째 유어보틀위크는 2020년 11월 한 달 동안 진행됐다. 마트, 베이커리, 떡집, 쌀가게, 반찬가게, 식당, 카페 등 연희동 일대의 가게 60여 곳이 참여했다.

두 번째 유어보틀위크 때 지원금이 따로 없어서 크라우드 펀딩을 했거든요. 리워드 기획해서 제작하고 배송하는데 벌써 지치더라고요. 두 달치 체력을 끌어 쓴 느낌이었어요. 너무 힘들었어서 사실 세 번째 해에 할 수 있을까 싶었어요. 그런데 함께 기획했던 채영 씨가 이전에 힘들었던 일을 빼고 가자고 해서 준비에 들어갔어요.

막상 하다 보니까 기획 욕심이 나요. 중간에 공론장도 기획하고 결국 가볍게 못 했죠. 지나고 보니 하길 잘했다는 생각이 들더라고요.

세 번째 유어보틀위크의 캐치프레이즈는 "버릴 것 없이 채우는 일상"이었는데요. 이번에는 '일상'이라는 키워드가 중요했어요. 두 번째까지가 '변화를 시작만 해봐'에 가까웠다면, 그사이에 채우장도 주기적으로 열고 우리 동네에 이런 경험이 되게 낯설지만은 않게 됐달까요. 가게들은 '통을 가져오네? 신기해!' 하는 경험을 했죠. 몇몇 가게는 벌크 판매로 방식을 바꾸기도 했고요. 그래서 그 시작이 일상화되면 좋겠다고 생각한 겁니다.

그러려면 좀 더 많은 가게가 참여해야 했어요. 첫 해에는 왠지 참여할 것만 같은 가게들을 섭외했고, 둘째 해에 좀 더 확장했으니, 이번엔 관심 없는 곳까지 저변을 넓히자. 전부 섭외하니까 57개였어요. 대신에 문턱을 더 낮췄습니다. 가게보다는 소비자가 해야 하는 역할의 비중이 더 컸어요. '가져가서 채운다'.

가게는 그러한 취지에 동의하고 함께해보자는 느낌이죠. 일회용품을 사용하지 않았을 때 점수를 받는 모바일 애플리케이션을 만들고 있었는데, 이 기간에 그걸 시범 운영해서 일회용품을 얼마나 줄였는지 기록할 수 있도록 했어요. 전년도에 아쉬웠던 점을 나름대로 보완한 셈이에요.

이전보다는 문제의식이 많이 퍼져서 더 공감해주신 것 같아요. 대부분 "좋은 취지네요" "해보면 좋죠" 하시더라고요. 다들 일회용품을 많이 쓰니까 부채의식 같은 게 조금은 있었던 것 같고. 둘째 해에 빵집이나 분식집이 참여해서 좋았는데, 마트나 중국집도 들어

오고 되게 다양해졌어요.

> 참여자들의 목소리를 통해 일상에 생긴 변화의 실체를,
> 또 그 기록들 사이의 유기적인 상호 작용을 확인할 수 있
> 었다.

셋째 해의 성과라면, 용기 테이크아웃이 어느 가게에서 얼만큼
이뤄졌는지 알 수 있게 된 것. 그리고 보다 많은 이들과 함께한 것.
락앤락 서포터즈 등으로 동기를 제공했더니 참여하신 분들이 SNS
로 자기 경험을 많이 공유했어요. 어떤 변화들이 기록되고 서로 영
향을 주고받는 걸 보니까 좋더라고요.

마트에서는 일회용 포장재에 담긴 야채만 살 수 있는 줄 알았을
텐데, 누군가 마트에서 무포장 구매하는 걸 SNS에 올리니까 많이들
가서 따라 사시는 거예요. 처음 실천해봤는데 한 달 동안 익숙해지
다 이제는 습관이 된 것 같다는 후기도 기억나고요. '유어보틀위크
를 하면서 버릴 것 없이 장을 보고, 안 가봤던 동네 가게에 들러보
고, 좀 더 계획적인 소비를 하게 되었다'는 이야기도 있었어요. 우리
가 추구하던 것들이었는데 어떻게 알고 공을 탁 받으셨네, 그걸 캐
치해서 남겨주셨네 싶었어요.

첫해에 한 분의 후기를 보고 누군가 한 명은 공을 받았다고 느낀
것처럼 공을 받은 사람의 실체가 보인 거잖아요. 이런 말들이 휘발
되지 않게 하면 다른 동네로 더 확장할 수 있는 거름이 되지 않을
까. '이렇게 해보니 불편하지만 싫지만은 않고 이래서 좋았어' 하는

부분이 도움되지 않을까. 실제로 경험해본 사람들의 목소리니까요.

좋은 말이 하나 기억나는데, 우리 동네에서 나 말고 다른 사람들이 통을 들고 다닐 생각을 하니까 귀엽고 뿌듯하다는 것. 막상 해보면 '귀찮고 싫어'가 아니라 그렇게 되거든요. '다른 사람들도 이렇게하고 있겠네?' 그리고 '우리 동네 바뀌겠네?'

피드백이 있으니까 가게에서도 반응이 와요. 두부집 같은 경우가그랬어요. 두부가 용기 사이즈보다 컸는데 '안 들어가니까 비닐에담아가세요' 하고 귀찮아하는 게 아니라 테트리스 하듯이 잘라서채워주셨대요. 그러니까 사람들도 거기 가서 마음 편히 담을 수 있고, 그렇게 오는 손님이 있으니까 가게 입장에서도 괜찮다는 생각이 들고. 티키타카 느낌이었을 것 같아요. 가게들도 SNS에 후기를올리는데, 그러면 확실히 사람들이 그쪽을 방문하더라고요.

물론 저희도 영향을 받죠. 고생해서 했는데 아무 의미 없다거나사람들이 안 한다고 하면 다음에 대한 고민을 못 할 텐데요. 결국 그런 반응들이 '다음엔 어떻게 해볼까?'로 이어주는 동력이 되더군요.

다음을 위한 생각들

유어보틀위크와 함께해온 3년 동안 연희동은 제로웨이스트가 낯설지 않은 동네가 됐다. 일회용품 사용을 줄이고자 시도해본 경험이 좀 더 일상에 가까워졌달까. 그 하나하나의 경험들이 서로 연결되고 있달까. 물음표는 자연스레 다음을 향한다.

맞아요. 다음엔 어떻게 해볼까 생각 중입니다.

지난 3년간 "연희동에 살고 싶다" "우리 동네에서도 해주세요" 하는 피드백을 많이 받았어요. 페스티벌이라 부르는 행사 기간 동안 여러 곳에서 다양한 프로그램을 운영하지만 기본적으로 들썩들썩한 풍경이 펼쳐지는 것도 아니고요. 가게 하나하나를 다녀야 실천할 수 있는, 동네 주민이 아니면 즐기기 어려운 생활적인 면이 있어요. 다른 지역으로도 확장하면 좋겠다는 생각입니다. 아쉬웠던 점을 보완하면서요.

유어보틀위크를 연희동이 아닌 다른 지역으로 확장하려면 무엇이 필요할까?

거점이 되어주는 가게나 주체가 있다면 그곳을 중심으로 시도해볼 만하다고 생각합니다. 유어보틀위크에 참여하는 가게 전부가 그럴 필요는 없지만 거점 역할을 할 공간은 저희와 문제의식을 공유하면 좋겠어요. 주변 가게 섭외를 위해 네트워크가 있다면 도움이 되겠고요. 아무래도 에너지가 많이 필요하니 소위 '일 벌이는 사람'이어야 할 테죠. 그런 세 박자를 갖추고 있다면 가능할 것 같아요. 그리고 아직은 지역의 분위기가 중요하다고 생각해요. 재미있는 소상공인이 많지만, 너무 상업화된 느낌이 아니고, 실제 거주민이 그걸 향유하고 있는 동네라면 가능성이 있을 것 같아요. 무포장 구매를 실천할 수 있는 재래시장 같은 게 있으면 더 좋겠고요.

만일 연희동이 아닌 다른 동네에서 유어보틀위크를 진행한다면 '어떤 가게를 섭외할 것인가'부터 고민하게 될 텐데요. 두 가지로 생각해볼 수 있을 것 같아요. 하나는, 이미 비슷한 생각을 갖고 있는 가게. 저희가 첫해에 함께했던 카페들이 그랬죠. 그러니까 문제의식을 이미 이해하고 있고 흔쾌히 대답을 해줄 수 있는, 의지가 있는 곳. 두 번째는, 문제의식을 갖고 있긴 않지만 바꿔보고 싶은 가게. 세 번째 유어보틀위크에 섭외했던 한 가게의 경우 처음에는 제안에 크게 관심이 없으셨는데, 같이 준비하던 친구가 '여기가 바뀌면 좋지 않겠냐' 해서 몇 번을 얘기한 끝에 설득했어요.

가게를 설득할 때는 무엇보다 최소한의 관계를 쌓는 것이 중요해요. 우선 설득하려는 가게의 손님이 되는 거죠. 저희 생각에 가게 주인은 손님이 좋아하는 방향, 단골이 원하는 방향으로는 바뀌기 쉬워요. 일회용품 쓰는 이유도 "손님들이 이걸 좋아해서"라고 말씀하세요. 그런데 만약 대다수의 손님이 일회용품 안 쓰기를 좋아한다는 게 검증이 된다면 바꾸시겠죠. 실제로 참여를 제안하기 전에 몇 번씩 가서 샀어요. 말 트고. 그러면 손님의 말이라 우선 들어는 보시죠. 모든 가게가 그런 건 아니지만 떡집이나 반찬가게처럼 판매 환경을 바꿔야 하는 경우에는 설득이 필요해 여러 번 가요. 실제로 유어보틀위크 하기 전에 한동안 떡을 정말 많이 사 먹었어요.

한편 일방적인 참여가 아니라 함께하는 행사가 되기 위해서는 가게 입장에서도 어떤 방식으로든 얻는 점이 있어야 한다고 생각했어요. 한 가게의 경우, 얘기를 나눠보니 평소에 일회용품을 쓰면서 맘이 불편했는데 참여하면 좀 놓일 것 같다고 하시더라고요. 이런 환경에 대한 마음이 아니더라도 동네 행사를 통해 가게를 홍보하고 싶다거나, 상인들과 네트워크를 원한다거나, 그저 재미있는 이벤트를 기다렸을 수도 있죠. '젊은 사람이 이런 거 하니까 좋더라' 하며 참여한 분도 있고요. 조금씩 대화를 하면서 어떤 좋은 점을 만들 수 있을지 고민합니다. 저희가 프로그램도 열잖아요? 그 장소에서 뭔가를 할 수 있는 게 있다면 그런 것도 같이 기획해보고요.

변화를 일구려는 고민은 계속된다. 앞으로의 목표는 자원이 순환되는 제로웨이스트 커뮤니티를 만드는 것.

앞서 모바일 앱을 개발했다는 이야기를 했었는데요. 일회용품을 안 쓸 때 리워드가 주어지면 더 많은 사람이 제로웨이스트에 재미를 붙이게 될 거라는 상상으로 기획한 거예요. 독서나 러닝처럼 제로웨이스트 일상도 앱으로 기록하는 거죠. 게임처럼 포인트가 쌓이면 나무가 자라요. 어떻게 해도 안 변하는 사람들과 누가 시키지도 않았는데 앞장서는 사람들 사이에는 강력한 의지가 없는 중간 지대 사람들이 있는 것 같아요. 너무 어렵지 않으면서 혜택이 있는 서비스를 제공하면 움직일 수 있는 사람들이라고 생각하거든요. 그런 사람들을 생각하고 있어요. 어떻게 하면 바꿀 수 있을까, 그런 생각.

다음 유어보틀위크에는 서점이 참여하면 좋겠어요. 제로웨이스트 문화를 보여주는 인포숍 역할을 해줄 수 있을 것 같아요. 그리고 저희가 에어캡 봉투를 모으고 있는데, 행사 기간 동안 서점에서 책을 배송할 때 그걸 재사용할 수도 있고요. 그런 식의 자원 재분배 활동이 이뤄지고, 또 그걸 알리는 일을 할 수 있지 않을까 싶습니다. 서점에서 얻은 정보를 생활에 밀접한 가게에 가서 직접 실천해볼 수도 있겠죠.

앞으로의 목표는 비즈니스 면에서든 콘텐츠 면에서든 자원이 순환되는 제로웨이스트 커뮤니티를 만드는 것입니다. '커뮤니티'라 함은, 이 동네만큼은 바꿔보고 싶다는 마음이 있기 때문인데요. 그게 가능해지면 다른 데서도 적용될 수 있잖아요? 일회용품을 덜 쓰게 만드는 문화를, 다 쓴 다음에 재활용하는 게 아니라 애초에 덜 쓰게 만드는 문화를 이 지역 안에 단단하게 자리잡게 하고 싶어요. 유어보틀위크도 채우장도 결국 그런 문화를 만들고자 하는 거니까요.

그렇게 실천의 경험을 조금씩 쌓아서 어떤 시스템이 되도록 만드는 것이 목표예요. 그 안에서 작게라도 소비와 생산이 일어나고 재미있는 일들이 작당모의처럼 벌어지고, 그런 좋은 사례를 하나 만드는 것!

페스티벌 준비물

유어보틀위크는 제로웨이스트 문화를 공유하는 페스티벌로서 모든 단계에 걸쳐 제로웨이스트를 지향했다. 워크숍, 공론장 등 프로그램을 준비하고 운영하는 과정에서 가능한 한 쓰레기를 줄이고자 노력했고, 제작물의 경우 재사용이 가능한 방식으로 사용 이후의 시간까지 고려했다. 다음은 그러한 고민의 결과다. 준비물 하나하나에 그간 많은 이야기가 얽혔다.

텀블러

첫 유어보틀위크의 주요 실행 계획은 함께하는 카페의 테이크아웃 손님에게 일회용 컵 대신 다회용 컵을 대여해주는 것. 이를 위해 대량의 다회용 컵이 필요했다.

"찬장에 잠들어 있는 텀블러를 깨워주세요"라는 문구로 시작하는 글을 SNS에 올렸더니 많은 분들이 텀블러를 들고 카페에 찾아오셨다. 제주도에서부터 경상도, 강원도 등 전국 각지에서 택배가 도착하기도 했다. 600개 정도의 텀블러가 순식간에 모였는데, 그만큼 집에 안 쓰는 텀블러가 많았다는 뜻이기도 하다. 애물단지였는데 잘 사용해달라는 말을 포함해 여러 응원의 메시지가 담긴 엽서와 손 편지를 받았다. 단지 필요한 물품이 채워져서가 아니라, 행사를 함께 만들어가는 기분마저 들어 기뻤다. 감사의 마음을 전하고 싶었는데 준비하다 보니 여의치 않아 우선 송장 사진만 찍어두었다.

필요한 물품을 새로 구입하지 않고 다른 방식으로 채우는 것은 더 많은 노력과 시간을 필요로 한다. 사용되었던 텀블러는 세척 과정을 거쳐야 했다. 수백 개의 텀블러를 씻고 각기 다른 뚜껑의 짝을 맞추고 말린 후 행사 로고 인쇄를 대신할 수 있도록 꾸미는 일까지, 많은 사람들이 시간과 손을 내어줬다. 첫 유어보틀위크의 마지막 날, 강의를 해주신 윤호섭 선생님과 인사를 나누다가 기부받은 텀블러가 몇 백 개가 된다는 이야기, 감사 인사를 놓쳤다는 이야기를 했다. 마음 같아서는 손 편지를 쓰고 싶지만 프린트해서 보내야겠다고 말씀드렸는데 "그런 건 손 편지를 써야지…"라고 대답하셨다. 하하.

얼마 후 선생님으로부터 택배 한 상자가 도착했다. 텀블러 보내주신 분들께 감사 인사를 전하라고 선생님이 만드신 의미 있는 달력을 보내주신 것이었다. 손 편지를 안 쓸 수 없었다. 윤호섭 선생님의 달력과 함께 텀블러를 어떻게 사용했는지 전해드렸다. 송장을 못 챙겨 놓친 분들이 있어 여전히 죄송한 마음이지만, 감사의 말을 전하고 나니 그제서야 행사를 마무리한 기분이 들었다.

빨대

일주일 동안 일회용 플라스틱 빨대를 사용하지 않는 경험을 제공하기 위해 공간을 찾은 손님들에게 '재사용'할 수 있는 다회용 빨대를 내놓았다. 하지만 그에 선행하는 제안은 '사용하지 않는 것'이었다. 즉, 쓰레기 발생 자체를 막자는 것. 일주일 동안이라도 음료에 빨대를 꽂지 않고 마시자는 제안을 먼저 하고, 빨대를 요청하는 경우에 한해 유리나 스테인리스 다회용 빨대를 드렸다. 테이크아웃의 경우 쌀 빨대나 종이 빨대를 제공했다.

'빨대 없이 마시는 제안'의 경우 카페 스태프가 음료를 낼 때마다 안내하려면 번거롭기도 하고, 손님이 전화를 받고 있는 등 전달하기 어려운 상황도 발생한다. 그런 경험을 통해 메시지를 담은 코스터를 만들어 음료와 함께 전달해왔다. 이 방식으로 효과를 봐서 유어보틀위크 때도 적용하려 했지만 규모가 큰 카페도 있다 보니 코스터 제작은 무리였다. 대신 "빨대 없이 마셔보는 건 어떠세요?"라는 제안과 행사 안내를 담은 메모지를 제작했다.

심벌·스티커

　많은 이들의 마음이 담긴 텀블러가 전국에서 모여들며 행사의 의미가 한층 깊어졌다. 제각각 모양이 다른 텀블러를 사용하게 된 특징을 살려, 그것들이 하나의 행사 도구로 보이도록 하는 장치로서 심벌을 디자인했다.

　기부받은 텀블러는 대부분 기념품으로 제작된 것들이어서 각종 단체나 행사의 로고가 인쇄되어 있었다. 기존 로고나 증정품 표시를 가리면서 페스티벌 느낌을 줄 수 있는 방향으로, 몇 가지의 컬러풀한 스티커를 제작해 텀블러를 꾸미는 방식을 생각했다. 동시에 기획 단계에서부터 계속 품어온 고민이 떠올랐다. '제로웨이스트를 지향하며 행사를 치르려면 어떻게 해야 할까?'

　디자인을 하고 제작물을 만들며 쓰레기를 아예 안 만들 수는 없겠지만 가능한 한 줄이는 방법이 있을까? 행사 중에 나오는 쓰레기를 모두 모아 어떤 것이 얼마큼 발생하는지 알아봐야겠다는 생각에 이르니, 스티커보다는 마스킹테이프가 조금 더 나을 것 같았다. 스티커는 떼어내고 나면 버릴 부분이 나오지만 마스킹테이프는 그렇지 않으니까.

　그런 부분을 고려해 다양한 스티커를 만드는 대신, 심벌 스티커 한 개로 최소화하고 행사명과 "리턴 미(return me)" 메시지를 담은 마스킹테이프 두 가지를 제작했다.

타이벡만 쓴다고 '친환경'일까?

행사 현수막으로 장바구니를 만들던 것이 유행했던 것처럼 타이벡으로 증정품을 만들어 비닐에 담아서 주는 모습이 종종 보인다. 사용되지 않고 버려지는 경우도 있다. 업사이클은 잘 쓰이는 물건이 되도록 하는 고민과 좋은 디자인이 수반되어야 한다. 잠깐의 행사를 위해 제작물을 만들고, 꼭 필요하지 않은 무언가로 업사이클을 한 후 친환경적으로 해결했다고 생각하는 것은 개선될 필요가 있다. 타이벡은 HDPE로, 어쨌든 플라스틱이다. 잘 수거되고, 용도에 맞게 필요한 물건으로 만들어진다면 좋겠지만 사용 이후에 대한 고민이 없다면 그냥 종이를 쓰는 게 낫다. 어떤 소재나 방식이 '친환경'으로 거론된다고 해서 무조건 쓰는 것보다는 그 제작물의 수명에 대한 관심을 바탕으로 각 행사에 맞는 재료를 선택하면 좋겠다.

입간판·POP

이 가게가 유어보틀위크를 함께하고 있다는 사실을 어떻게 드러내면 좋을까? 행사가 진행되는 공간임을 표시하는 장치로 깃발, 행잉 배너 등 다양한 방식이 가능하겠지만, 마찬가지로 일회성 제작물이 되지 않도록 하기 위해 고민했다.

함께하는 카페임을 알리는 제작물의 경우 '이번 행사가 끝나도 다양한 상황에서 잘 쓰일 수 있는가'를 고민하여 벽에 부착하는 형태보다는 입간판 형태로 결정했다. 기존 입간판보다 눈에 잘 띄도록 눈높이까지 올라오는 좁고 긴 형태를 선택했다. 인쇄는 어떻게 하면 좋을까? 인쇄물의 경우 재활용을 고려해 가능한 한 코팅하지 않는 방향을 택하려 했지만 외부에 놓일 경우 비를 맞을 수도 있으니 코팅이 필요했다. 코팅하는 종이 인쇄물과 타이벡(Tyvek) 재질 중 고민하다가 재사용을 염두에 두고 타이벡 소재를 사용했다.

첫 유어보틀위크 이후 행사가 있을 때마다 인쇄물만 교체하는 식으로 나무 구조는 계속 사용하고 있다. 지금까지 사용한 타이벡 인쇄물은 모두 모아뒀다. 타이벡 소재는 종이와 비슷하지만 질기고 내구성이 강해 다양한 형태로 활용할 수 있다. 떼어낸 인쇄물로 파우치, 휴대용 돗자리 등 업사이클링 샘플을 만들어보며 2차 활용을 고민하고 있다.

POP의 경우 우드락(스티로폼을 압축한 형태)이나 폼보드 대신 주변에 있는 골판지를 재사용했다. 골판지도 여러 종류가 있는데 홈이 작을수록 단단하고 깔끔하기 때문에 홈이 큰 박스 골판지가 아닌 얇지만 단단한 골판지를 사용했다. 첫 해의 POP는 두유 박스를 잘라 만들었다. 코팅하지 않는 종이 인쇄물을 박스에 붙여 사용했기 때문에 행사가 끝난 후에는 부담 없이 종이 재활용 박스에 넣어 폐기할 수 있다.

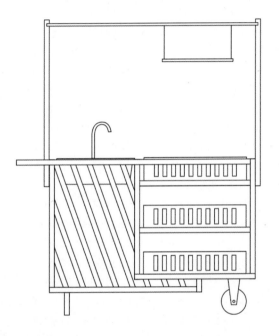

세척 수레

안내 부스 겸 텀블러 세척소로 사용될 이동형 수레를 제작했다. 외부에서 행사 리플릿을 배포하여 사람들에게 알리고, 대여한 텀블러를 반납받는 장소가 필요했기 때문이다.

일반적인 가판대 형태가 아닌, 시각적으로 흥미롭고 계속 사용될 수 있는 매력적인 사물이면 좋겠다고 생각했다. 텀블러를 반납받기도 하지만 실제로 길에서 텀블러를 세척할 수도 있는 퍼포먼스 형태의 수레가 되면 어떨까? '선데이 오브젝트'라는 이름으로 이동형 사물을 만들어온 신원정에게 의뢰했다.

"바퀴가 달려 이동이 가능하고 수도를 연결하면 물이 나올 수 있는 세척 수레를 원해. 리플릿이나 세척 도구를 보관할 수납공간이 필요하고, 위에는 봉이 달려 다양한 솔을 걸 수 있으면 좋겠어." 그러자 요구 사항에 맞는 멋진 세척 수레가 완성됐다.

첫 번째 유어보틀위크가 던진 메시지 "찬장에 잠들어 있는 텀블러를 깨워주세요"는 필요 없는 텀블러를 기부해달라는 뜻이기도 했지만, 이 기간 동안 묵은 텀블러를 들고 나와 사용하자는 뜻이기도 했다. 냄새가 나거나 착색되어 손이 가지 않는 텀블러가 있다면 이참에 깨끗이 세척하고 쓰자는 거다. 찌든 때와 냄새를 제거하는 텀블러용 발포 살균세정제를 협찬받아 세척 수레에 찾아오신 분들께 나눠드리거나 그 자리에서 세척해드렸다.

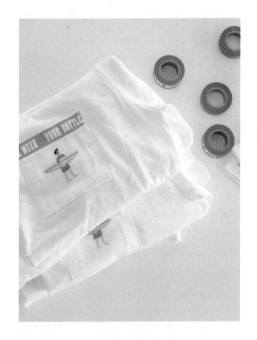

티셔츠

운영진과 서포터즈를 위한 티셔츠가 있으면 좋겠다고 생각했지만 행사 로고가 인쇄된 기념 티셔츠, 그러니까 행사가 끝나면 안 입게 될 옷을 만들고 싶지는 않았다. 새 옷을 사는 것보다는 하자가 있거나 샘플로 사용되어 재고가 된 옷을 구입하면 좋겠다는 생각이 들었다. 환경을 고려하는 브랜드 그린블리스(GREEN BLISS)에 문의를 드렸는데, 감사하게도 좋은 취지의 행사라며 재고로 남아 있던 옷들을 후원해주셨다. 그렇게 받은 티셔츠에 로고는 따로 인쇄하지 않고 마스킹테이프 등으로 표시해 아이덴티티를 부여하고, 행사 후엔 각자가 잘 입을 수 있도록 했다. 3년이 지난 지금, 첫 행사 티셔츠는 아끼는 흰색 티셔츠가 되었다. 여전히 잘 입고 있다.

기념품

행사를 준비하면 증정품, 기념품을 제작하는 경우가 많다. 사람마다 필요와 취향이 다르므로 특정 물건을 증정하면 쓰임을 다하지 못하고 버려지는 경우가 많다. 일회용 컵 대신 텀블러에 음료를 담아간 분들에게 어떻게 감사한 마음과 참여의 즐거움을 전달할 수 있을까? 물건보다는 맛있게 먹을 수 있는 음식을 생각했고 유어보틀위크의 심볼로 쿠키를 만들었다.

그렇다면 이 쿠키는 어떻게 전달할 것인가? 일회용 비닐에 넣은 쿠키를 증정할 수는 없지. 고민 끝에 내린 결정은, 음료를 받으며 바로 쿠키를 먹는 것. 다회용기에 쿠키를 담아서 각 카페에 전달했고, 텀블러에 테이크아웃을 하는 손님에게는 다회용기의 쿠키를 개별 포장 없이 전달했다. "지금 바로 맛있게 드세요 :-)"

배송 포장재

두 번째 유어보틀위크를 준비하며 행사 비용을 마련하고자 크라우드 펀딩을 진행했다. 그렇다 보니 리워드 배송을 위해 많은 양의 택배를 보내야 했는데, 박스나 완충재를 새로 사지 않는 것이 목표였다.

인터넷 서점에서 책을 배송받으면 얻는 에어캡 봉투를 버리지 않고 모아두는데 그걸 활용하면 좋겠다는 생각이 들었다. 부족한 수량을 보충할 수 있을까 싶어 인스타그램에 내용을 올렸다. 그동안 모아뒀다며 에어캡 봉투를 챙겨 카페에 들른 분들이 많았다. 못 버리고 모아둔 사람들이 꽤 많구나 싶어 놀라웠다.

그리고 첫해에 이어 둘째 해에도 서포터즈로 함께해준 가은 씨가 길을 지나다 가게 앞에 내놓은 신발 상자 몇십 개를 들고 와 (지금 생각하니 어떻게 그걸 혼자 가져왔는지…) 한 개의 박스나 봉투도 새로 사지 않고 모든 리워드를 발송할 수 있었다. 조금 더 덧붙이자면, 요즘은 대부분의 물건들이 비닐에 개별 포장되어 오는데, 리워드 배송 시 손수건을 제작하고 남은 자투리 천을 잘라 끈으로 만들어 묶는 등 일회용 포장재를 일절 사용하지 않아 뿌듯했던 기억이 난다. 그야말로 제로웨이스트 배송이었다.

포스터·리플릿

해를 거듭해 행사를 진행하면서 포스터, 리플릿의 적정 수량에 대해 조금씩 감을 잡고 있다. 처음엔 수량이 부족해 추가 제작을 하지 않도록 포스터 등을 넉넉히 인쇄했다. 첫 해에는 포스터가 많이 남았고, 두 번째 해에는 리플릿이 남았다. 아까운 인쇄물을 보며 차라리 조금 부족하더라도 많은 양을 인쇄하지 않는 방향으로 바꿔가고 있다. 디지털 인쇄 방식이 보편화되어 소량 추가 인쇄도 부담 없기 때문에 가능하다.

'종이 리플릿을 꼭 제작해야 할까? 온라인으로 대체할 수 있을까?' 하는 근본적인 고민도 해보고 있지만 SNS를 이용하지 않는 지역 어르신들에게도 정보가 닿아야 하기 때문에 아직은 종이 리플렛의 필요성을 느끼고 있다. 대신 종이 사용을 줄일 수 있는 판형에 FSC인증이나 재활용 고지가 함유된 종이를 쓰고 콩기름으로 인쇄하는 등 제작 과정에서 환경 부하가 적은 방법을 지향하고 있다.

제2장
우리 동네에서
시작되는 변화

"우리 동네에서 시작되는 변화"는
두 번째 유어보틀위크(2019)의 슬로건이다.
이 장은 유어보틀위크에 참여해 무포장 판매를
실천한 가게 다섯 곳의 인터뷰로 이뤄진다.
제로웨이스트를 매개로 한 상호 작용을 통해
이들 가게가 경험한 변화에 대한 이야기다.

‣ 경복쌀상회 이야기

‣ 엄마식탁 이야기

‣ 명문식품 이야기

‣ 경성참기름집 이야기

‣ 커피감각 이야기

경복쌀상회 이야기
쌀알만 한 변화가 모여

2020년 여름, 경복쌀상회는 보틀팩토리의 제안을 받는다. 손님이 용기를 가져와서 곡물을 원하는 만큼 담아 가는 가게로 바꿔보자는 것. 도매를 주로 하던 경복쌀상회는 변화를 택했고, 보틀팩토리의 도움을 받아 소분 숍으로 거듭났다.

창가에 겹겹이 쌓여 있던 쌀 포대를 정리하자 탁 트인 창 너머로 가게가 훤히 들여다보인다. 되를 전등갓으로 활용한 펜던트 등이 실내를 밝게 비춘다. 오랜 이웃들은 쌀집이 아니라 '카페' 같다고 한다. 입구 옆 테이블에는 차조, 메주콩, 울타리콩 따위 잡곡을 담은 유리병이 늘어서 있고, 바닥에는 찹쌀, 현미, 백미 등 쌀을 담은 자루가 놓여 있다. 그러니 사고 싶은 만큼 담으면 된다. 혼자서 빈대떡을 부쳐 먹고 싶은 날에는 녹두 150g이면 충분하다. 재활용 병이나 쌀자루로 만든 가방을 빌릴 수도 있다.

그해 겨울, 경복쌀상회는 세 번째 유어보틀위크에 참가했다. 2021년 3월, 용기를 들고 오는 손님이 "쪼끔쪼끔" 늘고 있다고 말하는 김형진 대표를 만났다.

인터뷰이: 김형진 경복쌀상회 대표 | 인터뷰어: 김이재 에디터

경복쌀상회
주소: 서울시 서대문구 연희로11길 41
전화: 02-334-4495 | 영업시간: 10:00-19:00(일 휴무)
인스타그램: @gyungbuk_rice

경복쌀상회는 언제 처음 문을 열었나요?

장인어른이 경'북'쌀상회로 시작했어요. 바로 위 형님이 1964년에 서강대 앞에서 얼음, 기름, 쌀 같은 생필품 파는 가게를 했는데 잘됐나 봐요. 장인어른이 뒤따라 상경해 그 집에서 장사를 배우다 보니 어느 순간 독립해야지 싶었대요. 형님네한테 폐는 안 끼치고 싶고, 그렇다고 멀리 가기는 겁이 나서 서대문구 일대를 보러 다녔는데 이 동네 임대료가 저렴했던 거죠. 그래서 1967년에 지금의 사러가 쇼핑센터 자리에 있던 연희시장에서 장사를 시작하셨대요. 1975년 사러가 쇼핑센터 완공되고 입점했고, 거기서 돈을 좀 벌어서 이쪽에 자리를 얻은 거예요.

사장님은 어떻게 장사를 시작하셨나요?

2005년쯤 장인어른이 교통사고를 당했어요. 당장 장사할 사람이 없는 거예요. 직장 다니고 있었는데, 아버님이 저를 좋아했는지 가게를 해보면 어떻겠냐고 물으시더라고요. 병간호하면서 제가 이어받을 게 아닌 것 같다고, 아드님들한테 먼저 물어보시면 그 이후에 심각하게 고민해보겠다고 그랬어요. 결국에는 제가 맡게 됐습니다. 당시 40대였고 한창 사오정(45세가 정년), 오륙도(56세까지 회사에서 버티면 도둑)라는 말이 나오던 때였거든요. 직장 더 다니면 도둑놈 되는 건가 싶고 이상하게 보일 것 같기도 해서, 한번 정리해야 될 시기라는 생각도 들었어요. 처음에는 육체적으로 힘들었는데 정신적으로 스트레스 받는 것보다는 나았죠. 잘하든 못하든 결정도 제가 하고 책임도 제가 지는 편이 훨씬 잘 맞더라고요.

경복쌀상회에서의 하루는 어떻게 흘러가는지 궁금합니다.

저녁때쯤 고정 거래처에서 다음 날 뭐가 얼마나 필요한지 전화나 문자가 와요. 이르면 점심 장사 정리하고 연락하시고요. 주로 김밥집, 분식집, 중국집, 밥집이에요. 아침 일찍 배달 준비를 해서 오전에 거래처를 쭉 돕니다. 쌀 말고도 식용유나 달걀, 김치가 필요하다고 하면 직접 가져가거나 다른 업체 통해서 보내드려요. 가게에 돌아오면 11시 반쯤 되는데 그때부터 좀 쉬어요. 식사하고 마실 나온 동네 분들이랑 시간 보내고, 3시까지는 한가합니다. 그러고는 다시 나가서 5시 반까지 배달 다니고요.

배달을 많이 다니니까 무인 가게로 운영할 생각도 작년부터 했는데, 올해 조금만 더 고민하고 한번 해볼까 해요. 별 무리는 없겠다 싶어요. 제가 가끔 깜빡하고 문 열어놓고 다니는 경우가 있거든요. 그러면 동네 분들이 그냥 들어와서 앉아요. 도난은 원체 신경이 안 쓰이더라고요. 가끔 문 안 잠그고 퇴근해도 다음 날 아침에 와서 보면 멀쩡해요. 낮에는 옆집 꽃잎의상실에서도 봐주고요. 다른 집에서도 봐주고요. "누가 와서 쌀 한 포대 가지고 가더라" 얘기해주더라고요.

가게가 변신하고 나서 동네 분들 반응이 어땠나요?

동네 분들이 지나다니면서 수리하는 과정을 다 봤거든요. 팔십 넘으신 분들이 수리 잘해서 멋있다고, 카페인 줄 아셨대요. "이거 쌀집이 아닌 것 같다"고, "이런 쌀집은 처음 본다"고… 옛날 간판에 는 '쌀집'이라고 크게 쓰여 있었는데 지금은 상호가 작은 글씨로 붙 어 있으니까 카페인지 쌀집인지 헷갈리신다는 거예요. 그래도 눈길 이 자꾸 간대요. 소분해서 팔기로 한 것도 다 알고 "괜찮다" 그러세 요. 이제 락앤락이나 유리병, 에코백 들고 오시는 동네 분들이 쪼끔 쪼끔 늘고 있어요.

> **경복쌀상회는 오랜 이웃들에게 바톤을 전달한다. 보틀
> 팩토리의 SNS 활동이 닿지 않는 이들에게 대신 말을 건
> 넨다.**

**프로젝트에 참여하기 전부터 일회용품을 덜 쓰고 싶다는 생각
을 하셨다고요.**

네. 그전에 딸내미가 〈인간의 조건〉이라는 예능 프로그램을 되게 좋아했어요. 한번은 '쓰레기 없이 살기' 편을 하더라고요. 그걸 보 고 되도록 음식 남기지 말고, 쓰레기 줄이고, 다시 쓸 수 있는 물건 은 꼭 다시 쓰자고 가족끼리 얘기했어요. 그게 경제적이기도 하잖 아요. 환경을 생각하는 면도 있지만요. 요즘은 쓰레기를 줄여야겠

다는 인식이 많이들 있는 것 같아요. 동네 사람들 보면 사러가 마트에 에코백 들고 가세요. 인테리어집 하는 동네 선배도 옆집 히메지에서 카레 포장할 때 통을 가져와요. 꼭 환경을 살리자는 것보다는, 일상에서 비닐이나 플라스틱처럼 유해한 물질을 좀 줄여보면 낫겠다 싶은 거예요.

보틀팩토리에서 경복쌀상회를 소분 숍으로 리브랜딩 해보자고 했을 때 어떤 마음으로 수락하셨나요?

나이 먹어가면서 변화를 자꾸 두려워하게 되더라고요. 적응하기가 쉽지를 않아요. SNS라든지… 근데 적응 안 하면 지금처럼 이렇게 같이 어울리기가 어렵잖아요. 외부에서 오는 변화에 손을 내밀고 어떻게 되든 참여해보기로 했어요. '일단 한번 해보자, 되든 안 되든 시도는 해보자'는 쪽으로 생각을 바꿨어요. 도와주시는 분들도 적극적이었고요. 우리가 작년 7-8월쯤 만났거든요. 보틀팩토리에서 처음 찾아오셨을 때 그 자리에서 바로 결정했어요. 그 뒤로 무엇무엇을 어떻게 바꿀지 좀 길게, 한 3달 동안 얘기했고요. 딱 하겠다고 하고 스케줄에 맞춰서 움직이겠다고 적극적으로 나갔어요. '어떻게든 해보자'는 주의니까요.

여기가 소분 숍이라는 걸 알고 일부러 찾아오시는 손님도 생겼겠어요.

작년 11월에 유어보틀위크 하고 나서 소분 단골이 꽤 생겼어요. 점점 늘어서 10% 이상은 되는 것 같아요. 연남동에서 자전거 타고 오는 부부 손님도 있어요. 얼마 전에는 당산동 사는 분이 깔때기까지 챙겨 왔어요. 멀리서 일부러 왔다고 그러시더라고요. 너무 고마워가지고… 그런데 그분이 쌀 사고 저랑 다른 얘기를 막 하다가 깔때기를 그냥 두고 가셨어요. 이걸 돌려드려야 되는데… 당산 사시는 분 제가 찾고 있어요. 오시면 음료수 하나 제공해드립니다.

요새는 동네 어르신들한테도 "가급적 비닐 안 쓰게 용기 들고 오시면 맛있는 거 드릴게요, 조금 더 드릴게요" 그래요. 실제로 락앤락이나 유리병 가지고 오면 다른 잡곡을 조금이라도 얹어드립니다. 용기 가져오기 귀찮으면 제가 빌려드린다고 그래요. 유리병이 자꾸 없어지긴 하는데 뭐, 괜찮아요. 안 돌려주셔도… 유리병이 다시 쓰기 좋으니까요.

소분 숍을 운영하면서 불편한 점은 없었나요?

그렇게 어려운 점은 없었고요. 다만 손님이 한꺼번에 몰리면 시간이 좀 걸려요. 그럴 때는 "쪼금만 기다리세요" 그러죠. 손님이 원하는 곡물 종류가 많으면 일일이 양을 맞춰야 하니까 오래 걸려요. 기존에는 곡물을 비닐에 1kg 단위로 쫙 싸놓고 팔아서 이런 일이 없었거든요. 쌀은 주로 4kg 단위로 팔았고요. 그런데 이제 비닐에 싸놓고 팔지를 않으니까요.

유어보틀위크 기간에 특히 손님이 많이 오셨죠?

되게 바빴어요. 하루에 10팀 이상 온 것 같아요. 그때는 배달을 아침에 마치고 되도록 자리를 지키려고 했어요. 어차피 동참하는 거 제대로 하려고요. 오전 10시부터도 손님이 오더라고요. 기억에 남는 게, 중학생이 30명 정도 단체로 와서 구경하고 갔어요. 학교에서 유어보틀위크에 참여하라고 숙제를 내줬나 봐요. 가게 앞에서 단체 사진도 같이 찍었어요. 그밖에는 주로 젊은 분들이 와서 동네 구경하고 곡물 쪼끔씩 사 갔고요. 찾아오는 게 감사해서 그 기간에는 방문만 해도 쌀과자를 한두 개씩 나눠드렸어요. 인터넷에서 보고 여기까지 오시는 분들 보고 '야, 대단하다' 그랬어요. 아무것도 아닐 수 있는 일인데 멀리서 일부러 찾아온다는 게 진짜 대단하죠. '변화가 확실히 오겠다'는 생각이 드는 거예요. 동네 어르신들이 저한테 물어보세요. 뭐 하는데 이렇게 젊은 친구들이 와서 복작거리냐. 그러면 "아, 요런 프로그램 하는데 같이 해주시면 아주 좋겠습니다" 말씀드리죠. 그럼 "좀 시끄럽긴 한데 좋다" 하세요.

유어보틀위크에 참여해본 소감이 궁금합니다.

이런 활동이 좋은 뜻이 있다고 머리로는 알아도 막상 행동에 옮기려면 어렵잖아요. 그런데 이번에 제가 직접 해보니까 '아, 계속해봐도 되겠다'는 확신이 자꾸 드는 거예요. 이미 시작은 했으니까. 누군가 시작해놓은 일에 동참하면 그쪽 세계로 같이 가는 거잖아요.

좋은 방향으로요. 이걸 유어보틀위크 하면서 많이 느꼈어요. 보기보다 사람들 인식이 많이 달라졌어요. 팔십 먹은 분들이랑 얘기하면서도, 젊은 손님들 찾아오는 거 보면서도 느꼈어요. 새로운 사고방식을 가지고 움직이는 사람들은 반드시 있다… 변화에 동참하면서 어떻게 확산할지를 유심히 지켜보고 싶은 거예요, 저는.

> 제로웨이스트를 실천하기는 생각보다 어렵지 않다. 유어보틀위크는 참여자들에게 한번 해보는 경험을 제공했고, 그렇게 릴레이가 시작됐다.

가게 사장님들 중에 이런 행사에 같이해보고 싶다는 분도 있나요?

글쎄, 가서 살짝살짝 권유는 드리죠. 올해 유어보틀위크는 저희 거래처들도 같이 해봤으면 하는 생각이 있어요. 작년에 한 60군데 같이 했는데, 올해는 70군데로 늘려보면 어떨까? 해보니까 참 좋더라고요. 새로 습관 만드는 게 처음에는 물론 어렵죠. 습관이 정착하는 과정에 시간도 필요하고요. 나무가 자라서 열매를 맺듯이… 이렇게 시작했으니까 시간을 두고 꾸준히 해봤으면 해요.

뭘 바꾸려고 하잖아요? 금방 안 돼요. '이걸 좀 바꿔야 하는데' '아이 귀찮아' 두 가지가 항상 갈등이 되는 거예요. 습관을 만드는 게 중요하다 싶어요. 예를 들면 집에 있는 비닐을 옷 주머니에 미리 넣어놓든지 하는 식으로요. 딸내미, 아들내미한테도 그러자고 해요.

곡물을 사려면 어떤 용기를 가져오는 게 가장 좋을까요?

플라스틱이 안전하고 편해요. 유리병은 깨지면 다칠 위험도 있고 어디 부딪히면 금이 가면서 유릿가루가 곡물에 섞일 수도 있으니 플라스틱 용기를 추천해요. 가게에서 비닐을 많이 쓰는 이유는 편리해서입니다. 곡물은 습기에 취약한데 비닐은 부피도 작으면서 가볍고 습기에 강하거든요. 그보다는 불편하더라도 플라스틱 밀폐 용기를 추천해요. 페트병도 괜찮기는 한데 입구가 좁아서 곡물 담는데 시간이 되게 오래 걸리는 게 흠이죠. 2리터짜리 페트병 하나에 쌀은 2kg 정도 들어가고, 쌀보다 입자가 큰 콩 종류는 1.5-1.8kg 정도 들어가거든요? 입구에 깔때기 꽂고 쪼금씩 쪼금씩 부어서 채우려면 다른 용기보다 시간이 열 배는 더 걸려요.

개인적으로 혹은 보틀팩토리와 함께 시도해보고 싶은 일이 있다면요?

쌀 포대로 쓰이는 질긴 종이가 쓰레기로 많이 나오는데, 그걸 활용해서 봉투를 만들어볼까… 재료는 제가 충분히 제공할 수 있거든요. 쌀 포대 봉투 한번 만들어보고 괜찮으면 판매해서 보틀팩토리 활동하는 데 조금이라도 도움이 된다 그러면 좋죠. 지금 쓰는 쌀자루 가방만 해도 한 달에 네댓 분이 판매용이냐고 물어보세요. 상품화해도 괜찮을 것 같아요. 디자인이 너무 예쁘다고, 어디서 만들었냐고 하세요. 그래서 제가 보틀팩토리 광고하고 다니잖아요. 그리고 어디 박물관에서 보니까 돌아다니면서 도장 몇 개 찍어 가면 쪼그만 기념품을 하나 주던데요. 그것처럼 올해 유어보틀위크에는 몇 군데 들렀다 우리 집 오면 쌀과자 드린다고 할까요?

쌀집 하신 16년 동안 동네가 많이 바뀌었죠?

전에는 대부분 2층 건물이었는데, 지금은 4층까지 올라가요. 옆에 카레집(히메지) 들어오고 비건 빵집(비건앤비욘드), 보석집(메종 드키그) 생겼고 세계적인 감성으로 바뀌어가는 것 같아요. 그러니까 동네에 있어도 신선해요. 어렵기도 하고. 연세 드신 분들은 그런 가게에 잘 못 가겠대요. 제가 아이, 그냥 밑에 베이글집 가서 빵 하나 사서 드셔보라고, 식빵이랑 똑같다고. 그러면 자기는 그 앞에 대구떡집 가지 빵집은 안 들어가게 되더래요. 젊은 사람들 쭉 있는데 가서 줄 서려니까 민망하대요. 올해 유어보틀위크 때는 어르신들 우리 집으로 오라고 그래야겠어요. 모시고 가서 베이글이나 뭐 이런 거 하나 사드려야지.

엄마식탁 이야기

실천을 곁들인 가정식

한적한 연희동 골목에 자리한 가정식집. 붉은 벽돌과 단정하게 늘
어선 파란색 타일이 엄마식탁의 얼굴이다. 문을 여니 감미로운 피
아노 연주곡과 도마 소리가 포개진다. 식사 때를 기다리던 어린
시절의 평화로운 오후 같은 분위기다.

  메뉴판에는 과일비빔면, 우엉덮밥, 우엉샐러드면 등 이곳에서
만 볼 수 있는 요리와 소고기국밥, 카레덮밥 등 익숙한 요리가 함
께 적혀 있다. 각각에는 간단한 설명이 붙어 있는데, 예를 들어 과
일비빔면은 "사과, 배, 복숭아와 목이버섯 채를 올린 매콤한 면 요
리"다. 메뉴판 한쪽에는 채식 요리 목록이 따로 마련돼 있다. 몇몇
손님이 주문하면서 고기를 빼달라고 부탁한 일을 그냥 지나치지
않고 비건 생채비빔밥, 비건 우엉덮밥, 비건 카레덮밥 등을 개발한
결과다.

  엄마식탁은 개업 3년 차이던 2020년 세 번째 유어보틀위크에
참가했다. 행사 기간 손님들이 가져온 용기에 음식을 포장하면서
재미와 어려움을 고루 맛봤다고 한다. 2021년 3월, 점심때가 지나
비교적 한가한 오후에 엄마식탁을 찾았다.

인터뷰이: 정희전 엄마식탁 대표 | 인터뷰어: 김이재 에디터

―――――

엄마식탁
주소: 서울시 서대문구 연희맛로 17-21
전화: 02-6401-1721 | 영업시간: 11:30-21:30 (일 휴무)
인스타그램: @mothers.table

엄마식탁은 언제 문을 열었나요?

압구정동에서 18년 가까이 고깃집을 운영했어요. 압구정동이 점차 하락세를 맞고 흐름이 강북에 넘어가면서 3~4년 전쯤 연희동으로 왔어요. 여기서는 남편과 단둘이 소규모로 해볼 계획을 세웠어요. 구석구석 저희가 원하는 대로 인테리어를 했고, 앞선 경험에 비춰서 조리대도 쓰기 편하게 맞춤으로 제작했죠. 메뉴는 저희 식구가 먹던 음식 몇 가지를 그대로 가져와서 구성했어요. 손님들께 내드리기 위해 더 예쁘게 만들기는 했지만요.

'엄마식탁'이라는 상호는 어떻게 지으셨나요?

후보가 몇 개 있었는데 딸이 엄마식탁으로 하자고 했어요. '엄마인 내가 손님에게 식탁을 내어주는 거야, 여긴 내 부엌이야' 하는 마음으로 편히 정했어요. 그런데 어느 날 엄마뻘 되는 손님이 '엄마식탁' 하니까 엄마가 생각나셨대요. 그밖에 엄마가 그리워졌다거나 엄마가 해주던 청국장이 떠올랐다는 얘기도 들었어요. 어르신들이 "여기 엄마가 누구예요?" 묻고는 그 '엄마'가 생각보다 젊어서 놀라시기도 해요. 이런 에피소드를 겪으면서 '엄마식탁'이라는 상호를 가볍게 생각하면 안 되겠다는 생각이 들었어요. 재료부터 하나하나 더 좋은 걸 써야겠다 싶었죠.

하루는 동네 어르신이 된장찌개나 김치찌개가 되냐고 물으셨어요. 찌개가 없다는 걸 확인하고 그냥 가려고 하시길래 "식사 안 하셔도 괜찮으니 물이랑 단호박수프만 드셔보세요" 했어요. 수프를 드시고는 카레덮밥을 시키시더라고요. 입에 맞으셨대요. 그분과는 그렇게 인연이 됐어요. 가끔 들러서 카레덮밥을 드세요.

메뉴판 한쪽에 채식 요리 목록이 보이는데, 처음부터 구상하셨던 건가요?

처음에는 채식 메뉴가 하나도 없었어요. 그런데 고기를 빼달라는 주문이 종종 들어오는 거예요. 하루는 손님이 카레덮밥을 주문하면서 고기는 못 드신대요. 소고기를 빼고 음식을 냈는데 저 스스로 만족도가 떨어졌어요. 우엉덮밥을 주문하면서 돼지고기를 빼달라는 분도 있었어요. 원래는 돼지고기, 우엉을 간장 소스에 볶아서 대추채와 튀긴 마늘을 올린 요리거든요. 맛있게 드시긴 했는데, 저는 재료 구성이며 비주얼 면에서 완성도가 70% 정도인 음식이었던 것 같아 마음이 편치 않았어요. 그런 일을 몇 번 겪다 보니 채식 메뉴를 아예 따로 만들어야겠다는 결심이 섰어요.

우엉덮밥, 카레덮밥부터 채식 버전을 따로 만들어보기로 했죠. 식감과 색감이 모두 적당한 데다가 논비건 메뉴에도 활용할 수 있는 재료를 고민했는데 쉽지 않더라고요. 제일 알맞고 만만한 재료가 버섯이었어요. 그렇게 우엉덮밥의 채식 버전에는 돼지고기 대신 목이버섯 채를 넣게 됐죠. 식감이 좋더라고요. 카레덮밥에는 소고기 대신 유부, 면두부를 넣어봤는데 식감이 별로였어요. 결국에는 표고버섯과 콩을 쓰게 됐고요.

채식 메뉴가 있다는 사실을 알고 일부러 찾아오시는 손님도 생겼겠어요.

입소문이 나고 '채식한끼' 앱에도 소개되면서 한두 분씩 찾아오시더라고요. 어느 순간 할 수 있는 데까지 다 채식 베이스로 바꿔보자 싶었어요. 메뉴 중에 우엉샐러드면이 있는데 원래는 샐러드 소스에 마요네즈가 들어갔어요. 동물성 원료를 쓴 마요네즈를 빼고 다른 몇 가지로 시도해봤는데 맛이 덜하더라고요. 그러던 중에 소이마요라고 콩으로 만든 마요네즈가 있다는 걸 알게 됐어요. 그걸 썼더니 맛이 그대로 나요. 그렇게 우엉샐러드면도 채식 메뉴가 됐어요. 생채비빔밥이나 과일비빔면도 소스를 다 바꿨어요. 이런 방향으로 가다 보니까 반찬도 고민이 되더라고요. 저희 기본 반찬 중에 멸치가 있거든요. 비건 손님에게 멸치를 빼고 식사를 내간 적이 있는데 그게 또 마음에 걸렸어요. 그래서 콩 조림도 해봤고요, 유부반찬, 해초 무침도 해봤어요. 이것저것 계속 시도해보는 중이에요.

채식 메뉴를 하다 보니까 발견한 점이 있어요. 채식하는 분들이 대체로 일회용품 안 쓰는 데도 관심이 있으시더라고요. 음식도 잘 안 남기세요. 어떻게 보면 채식과 제로웨이스트 실천이 연결되는 것 같아요.

채식과 제로웨이스트 실천이 이어져 있다고 본다면, 연결 고리는 내가 생태계에 미치는 영향을 인식하고 일상부터 바꿔보려는 마음일 것이다.

어떤 계기로 유어보틀위크에 참가하시게 됐나요?

그전부터 동네 엄마들끼리 쓰레기가 너무 많이 나온다면서 일회용품 얘기를 엄청 했어요. '애들이 나중에 이 쓰레기를 다 어떻게 감당하지?' 하는 걱정도 했고요. 더군다나 식당은 식자재며 포장재를 대량으로 구입하다 보니까 가정집보다 일회용품을 많이 써요. 바다에 사는 고래나 거북이도 떠오르고 늘 마음이 편치가 않았죠. 그러던 차에 유어보틀위크 제안을 받고 참여하게 됐어요. 할 수 있는 것부터 해보면 마음이 조금 놓일 것 같았어요.

유어보틀위크에 참가해본 소감이 궁금합니다.

행사하는 동안 대부분의 손님이 큰 밀폐 용기 하나만 가져왔는데, 처음에는 어떻게 포장해야 할지 난감했어요. 커다란 용기에 1인분 양만큼 담으면 음식이 바닥에 깔린 것처럼 보여서 '손님이 만족하실까?' 의문이 들었어요. 그래서 1인분보다 더 담은 적도 있어요. 용기가 하나면 반찬을 나눠서 담기도 어렵고 반찬이 흘러서 섞이기도 해요. 초반에는 당황했지만 나중에는 '이것들을 어떻게 담을까? 여기다 이렇게 놔야지' 하면서 즉흥적으로 아이디어 내는 게 재미있었어요. 임기응변이 필요했죠. 종이 호일로 반찬을 나눠 담는 방법을 썼어요. 그런데, 종이 호일을 쓰면 사실 제로웨이스트 실천에 조금은 방해가 되는 셈이잖아요. 다음 유어보틀위크 때는 보틀팩토리에서 어떤 매장에 어떤 용기를 가져가야 할지 가이드를 만들어서 홍보해주면 도움이 많이 될 것 같아요. 엄마식탁에는 큰 용기 하나에 작은 용기 두세 개를 같이 가져가는 게 가장 좋다는 식으로요.

해보니까, 단기간에 확 바꾸려고 하기보다 장기적으로 봐야 할 것 같다는 생각이 들어요. 연희동에서 몇 주만 행사하고 끝내는 게 아니라 오래오래 이어나가서 사람들이 하나둘 계속해서 참여할 수 있게요. 아직도 테이블에 작년 유어보틀위크 리플릿이 있어요. 벌써 반년이 지났는데 요새도 펼쳐 보고 가져가는 손님이 있어요. '연희동에서 이런 걸 했었나?' 하면서요. 이렇게 조금씩 더 알려지면 좋겠어요.

행사 이후 포장 용기를 챙겨 오는 손님이 얼마나 생겼나요?

그전에도 개인 용기에 음식을 포장해달라는 손님이 한두 분은 있었어요. 그런 요청이 식당 입장에서는 약간 어려울 수 있어요. 익숙한 매뉴얼에 따라 하는 일이 아니니까요. 그래도 하나씩 해봐야죠. 행사 이후에 용기를 가져오시는 손님이 크게 늘지는 않았는데요. 그래도 천천히, 점점 많은 분이 제로웨이스트 일상에 관심을 보이는 걸 느껴요. 관심이라기보다 걱정이라고 하는 편이 맞을까요? 매장에 용기를 가져오지 않더라도 배달 주문할 때 '일회용 수저 안 쓸게요' 하는 것도 방법이에요. 어떤 분은 '반찬 안 주셔도 돼요'라고 메모를 남기기도 해요. 배달 앱 업체에서 이런 옵션을 따로 만들어 홍보하면 좋을 것 같아요.

요즘 동네분들도 일회용품 줄이기에 점점 더 관심을 두고 있다고 들었어요.

분리수거할 때마다 '야, 이거 우리 집에서만 이렇게 한가득 나오면 아파트 전체에서는 얼마나 많이 나오려나' 걱정된다고 동네 엄마들이 다들 공감하면서 얘기해요. 요새는 장도 온라인으로 보는데, 택배 받아보면 내용물은 작은데 커다란 박스에 뽁뽁이가 엄청나게 들어 있어요. 제가 아주 어렸을 때는 콩나물을 사면 신문지를 세모로 접어서 싸줬어요. 달걀은 지푸라기에 담아줬고 생선은 신문지에 둘둘 말아줬고요. 지금은 포장이 너무 과한 것 같아요.

얼마 전에는 아는 분이 어떤 가게에 재활용 용기를 들고 가서 세제를 덜어 왔대요. 또 그이한테 들은 얘기인데, 베스킨라빈스 핑크색 스푼은 재활용이 안 된대요. 그래서 아이스크림 살 때 스푼 안 받겠다고, 집에 있는 숟가락으로 먹겠다고 꼭 말한대요. 이런 얘기 들으면 한번 가볼까, 해볼까 하게 돼요.

> 안 주셔도 괜찮다는 한마디가 제로웨이스트 일상의 출발점이 될 수 있다. 일회용 수저, 플라스틱 빨대, 비닐봉지, 잘 먹지 않는 반찬은 "안 주셔도 괜찮아요!"

제로웨이스트를 실천하기로 했다면 가장 먼저 해야 할 일은 무엇일까요?

있는 물건을 최대한 재사용해야 한다고 봐요. 일회용품을 아예 안 쓸 수는 없고, 그렇다면 적어도 깨끗이 씻어서 여러 번 써봐야겠죠. 이렇게 말하면서도 100% 지키지는 못하지만 의식을 가지고 있으니 노력하게 돼요.

그런데 개인이 노력하는 것도 중요하지만 기업도 여러 가지 고민을 해봤으면 좋겠어요. 예를 들면 음료 제조업체에서 유리병을 다시 쓰기 좋게 만드는 거예요. 고춧가루, 설탕을 보관하거나 잼, 효소를 만들 때 작은 주스 병만 한 용기를 사려고 방산시장에 많이들 가거든요. 그런데 기업에서 애초에 라벨이 잘 떨어지고, 투명하고, 세척하기 쉽게 입구도 지금보다 넓은 병에 주스를 담아서 팔면, 소비자가 주스도 마시고 용기도 재사용할 수 있으니 좋을 거예요. 새 용기를 사지 않아도 되니까 쓰레기 하나가 주는 셈이죠. 기업에서 상품을 판매하고 마는 게 아니라 그다음, 그 다음다음까지 내다보면 좋겠다는 생각이 들어요. 주스가 맛있을 뿐 아니라 유리병을 재사용하기 좋다고도 홍보하면 백에 하나는 여러 번 쓰지 않을까요? 갑자기 백 명이 될 수는 없죠. 한 명이 열 명이 되고 더 늘다 보면 백 명이 될 수 있을 거예요.

1-2인 가구에서 음식 낭비를 줄이는 팁이 있을까요?

제 생각에 음식은 조금만 하면 맛이 덜해요. 찌개를 예로 들면, 1-2인분 끓이려면 파가 요만큼만 필요한데 한 단을 통째로 사야 하니까 돈도 많이 들고 남은 재료를 버리게 될 가능성도 있어요. 추천하는 방법은 찌개를 푸짐하게 끓여서 작은 밀폐 용기 여러 개에 나눠 얼려놓는 거예요. 이때 각 용기에 1인분을 생각보다 적게 담는 게 중요해요. 저도 여러 번 해봤는데 좀 넉넉히 덜면 꼭 남더라고요. 그렇게 소분해놓고 하나씩 꺼내 먹으면 돼요.

또 한 가지 방법은 식당에 용기를 챙겨 가서 반찬이든 메인 메뉴든 먹기 전에 덜어놓는 거예요. 남은 음식이 아니라 건드리지 않은 새 음식을 미리 덜어둔다는 점이 중요해요. 저도 식당에 가면 맛있는 것부터 골라 먹거든요. 예를 들어 카레를 시키면 고기나 좋아하는 채소는 다 먹고 나중에는 감자만 남게 되죠. 그러면 집에 가져가도 활용도가 떨어지고 버릴 확률이 높아요. 그런데 미리 고기랑 여러 가지 채소랑 카레 국물을 골고루 덜어놓으면 나중에 훌륭한 한 끼로 소비할 수 있어요. 음식물 쓰레기도 줄이고 돈도 아낄 수 있죠. 옛날에는 '남은 음식은 싸 가세요'라고 공익 광고를 했어요. 이제는 문구가 바뀌어야 하지 않나 싶어요. '미리 덜어놓고 남은 음식은 싹 비우자.'

매장에서 식사하는 손님이 개인 용기에 음식을 미리 덜어놓는 풍경을 떠올리니 신선하게 느껴져요.

식당 입장에서는 손님이 음식을 개인 용기에 싸 가는 편이 좋아요. 음식 쓰레기를 다 돈 주고 버려야 하니까요. 중요한 건 다른 손님들의 시선이에요. '에이, 여태도 식당에서 음식을 싸 가는 사람이 있어?' 하고 흉볼 게 아니라 '그래, 저렇게 가져가면 한 끼가 되지'

이해할 필요가 있어요. 별나다고 보는 시선이 있으면 음식을 담아 가고 싶어도 그렇게 못 할 수가 있잖아요. 음식을 미리 덜어서 싸놓는 것을 자연스럽게 여기는 문화가 퍼지면 식당은 음식물 쓰레기를 줄일 수 있고, 손님은 편리하고 경제적으로 다른 한 끼를 해결할 수 있을 거예요.

> 유어보틀위크는 별나 보이는 실천이 실은 참여자 누구에게나 유익하다는 것을 경험하게 한다. 바톤을 받는 주자가 늘수록 낯선 행동은 일상에 가까워진다.

앞으로의 연희동이 어떤 모습이기를 바라시나요?

자기만의 색깔을 담은 식당, 카페, 상점을 운영하는 동네로 남으면 좋겠어요. 아직까지는 연희동에 '나만의 가게'가 많아요. 그런데 체인점이 하나둘 들어오기 시작하면 재미가 없어질 거예요. 지금의 장점을 지켜나가면 좋겠는데, 욕심은 돈을 따라가는 법이니까 어떻게 될지 모르죠. 그래도 제 바람으로는 연희동이 언제나 차분하고 마음 편안해지는 동네였으면 해요. 엄마식탁도 그런 연희동의 일부가 되기를 바라고요.

명문식품 이야기

손두부와 테트리스

명문식품은 명지대 앞 활기찬 골목에 위치한다. 친척이 운영하는 가게에서 기술을 배운 점주가 남가좌동에 따로 자리 잡은 지는 15년쯤 됐다. 그 사이 두부 심부름을 오던 아이가 성인이 됐고, 아침 일찍 첫 두부 나오는 시간에 맞춰 들르는 단골들이 생겼다.

가게 앞 줄무늬 차양막 아래로 고추장, 건국수, 각종 김, 누룽지, 미숫가루 등이 진열돼 있다. 시장 하나를 축소한 것처럼 품목이 다양하다. 냉장고에 시원하게 보관된 비지와 콩국도 빼놓을 수 없다. 안쪽에는 만든 지 얼마 되지 않아 따뜻한 두부들이 판 위에 모여 있다. 두부 높이가 엄지와 검지를 한껏 벌린 만큼은 되기 때문에 한 모(1,500원)를 사더라도 넉넉하게 큰 용기를 챙겨 가야 좋다.

명문식품은 세 번째 유어보틀위크에 참가해 전면에 "알록달록한 포스터"를 붙여놓고 평소 만나기 어려웠던 청년 손님을 맞이했다. 그중 일부는 요즘도 가게를 찾는다. 2021년 4월, 보틀팩토리에서 정구식 대표를 만나 자세한 이야기를 들어봤다.

인터뷰이: 정구식 명문식품 대표 | 인터뷰어: 김이재 에디터

즉석손두부 명문식품
주소: 서울시 서대문구 증가로10길 9
전화: 02-305-9098 | 영업시간: 9:30-21:00 (일 휴무)

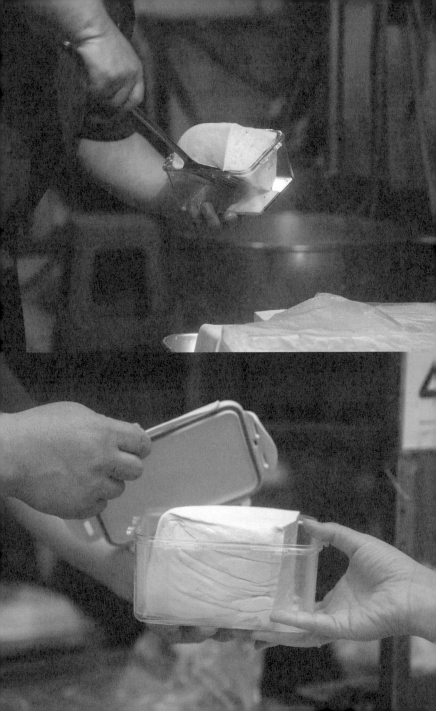

두부 만드는 일을 어떻게 시작하시게 됐나요?

스물여섯 살쯤부터 시간이 날 때마다 가족이 운영하는 두부 가게에서 아르바이트를 하면서 어깨너머로 기술을 배웠어요. 집안이 거의 가업처럼 두부를 만들어와서 자연스럽게 이 일을 시작하게 된 것 같아요. 두부가 늘 생활 가까이에 있었어요. 저희 부모님도 고모네도 두부 가게를 했거든요. 고모는 연신내에서 장사했는데, 오랫동안 팔이랑 어깨를 너무 많이 써서 아프다 보니까 지금은 안 하세요. 여기 남가좌동에는 제가 처음 가게를 열어서 15년 가까이 장사하고 있어요. 열심히 하다 보니까 자리가 잡히더라고요.

즉석 두부 만드는 방법을 간단히 소개해주실 수 있나요?

전통적인 방식과 현대적인 방식을 결합해서 만들어요. 사람과 기계가 협동하죠. 불린 콩을 갈거나 콩물을 끓이는 건 기계가 해요. 그다음 콩물을 응고시켜서 두부로 만들려면 간수를 넣으면서 계속 저어줘야 하는데요. 대형 공장에서는 이 작업을 기계로 다 하지만 근처 모래내시장이나 대림시장에서는 대부분 사람이 해요. 저도 '도비 주걱'이라고, 급식소에서 쓰는 삽처럼 커다란 주걱을 들고 노 젓듯이 간수를 쳐요. 그렇게 해서 콩물이 처음 응고된 상태가 순두부예요. 순두부를 틀에 붓고 두부 모양을 잡는 일도 손으로 직접 하고요. 단단하거나 부드러운 정도를 조정하는 것도 사람이 해요. 평소에는 중간 정도로 적당히 맞춰서 만드는데, 교회나 구청 등에서 따로 주문이 들어

오는 경우가 있어요. 예를 들어 부침용 두부가 필요하다고 하면 부서지지 않게, 좀 딴딴하게 만들어요. 사실 두부 만드는 게 대단한 기술은 아니에요. 누구나 할 수 있어요. 하지만 맛있게 만드는 일은 쉽지만은 않죠.

아침부터 저녁까지 명문식품의 하루는 어떻게 흘러가나요?

아침 6시 반에서 7시 사이에 문을 열어서 밤 9시까지 장사해요. 제일 먼저 전날 콩을 담근 물을 빼요. 옛날에는 불린 콩을 사람이 직접 건져냈는데 요새는 기계가 좋아서 물만 뺄 수 있어요. 그러고 나서 기계로 콩을 가는데 30분 정도 걸려요. 금방 되지는 않죠. 그동안 청소도 하고 물건 정리도 해요. 콩이 다 갈리면 비지가 돼요. 두부는 아래 걸러진 콩물로 만들고요. 콩물을 끓이면 고소한 두부 냄새가 모락모락 올라오기 시작하는데요. 그러면 이제 간수를 치는 거죠. 첫 두부 나오는 시간이 아침 8시 반에서 9시 반 사이인데, 제가 언제 가게에 나오느냐에 따라 약간씩 달라져요. 그 시간대 맞춰서 단골손님들이 와요. 몇몇 분은 저를 오래 보다 보니까 '이 사람 오늘은 일찍 나와' 하는 식으로 예측을 하시더라고요. 그렇게 하루 장사를 시작합니다.

두부 한 번 만드는 데 두 시간 가까이 걸리고 보통 4판이 나와요. 1판은 두부 12모고요. 그때그때 따뜻하게 팔기 위해서 하루에 여러 번 작업해요. 그러다가 불린 콩이 다 떨어지면 문을 일찍 닫기도 하는데, 보통은 8-9시까지 장사하죠. 마지막으로 다음 날 쓸 콩을 물에 불려놓고 퇴근합니다. 불린 콩을 다 못 쓰면 콩나물이 되어버리기 때문에 그날그날 판매 상황에 따라서 양을 조절하고요.

세 번째 유어보틀위크의 키워드는 '일상'이었다. 2018
년 카페 7곳의 참여로 시작했다면, 2020년에는 일상 구
석구석까지 변화가 닿도록 다양한 업종의 가게 57곳을
섭외했다. 홍남교 건너 명문식품도 그중 하나다.

유어보틀위크 제안을 들었을 때 첫인상이 어땠나요?

재미있는 행사 같았어요. 동네에서 이런 행사를 연다니까 신기했
어요. 처음에는 보틀팩토리가 환경 단체인 줄 알았어요. '좋은 일 하
는구나' 하는 생각이 들었다는 말이에요. 이런 행사를 통해서 환경
보호에 도움이 될 수 있으면 좋겠다는 마음이었어요. 그전부터도
비닐봉지를 덜 써야겠다는 생각이 있었거든요. 미세 플라스틱이 몸
에 안 좋다는 얘기가 많이 들리잖아요. 가게 입장에서는 비닐봉지
사는 데 비용이 들기도 하고요. 법적인 규제 때문에 이제 마트에서
비닐봉지를 안 주다 보니까 작은 가게에서 무리하게 많이 가져가는
분들도 있어요. 금방 바뀌지는 않겠지만 가게와 손님 모두 점차 비
닐봉지 사용을 줄였으면 해요.

또 앱으로 QR코드 찍는 것도 재미있어 보였어요. 못 보던 젊은
손님이 얼마나 올지 궁금했고 가게 홍보가 되지 않을까, 단골을 확
보할 수 있으면 좋겠다 싶은 기대감도 있었어요. 설명을 들어보니
실천하기 어려운 점은 딱히 없어 보이더라고요. 번거로울 것 같았

으면 못 했을 텐데 그렇지 않았어요. 사실 두부를 속 비닐과 겉 비닐에 두 번 싸는 것보다 통에 한 번 넣는 쪽이 더 편하죠.

유어보틀위크 이후 가게에 달라진 점이 있다면요?

일단 행사 기간에 젊은 분들이 평소보다 많이 왔어요. 사실 두부가 누구에게나 인기 있는 식품은 아니에요. 콩을 좋아하지 않는 분도 있고, 알레르기 때문에 못 드시는 분도 있어요. 보통 때 중장년층이 주 고객이고 젊은 손님은 이틀에 한 분 정도 보였다면, 행사 때는 하루에 서너 분. 요일별로 달랐는데 목요일, 금요일에 제일 많았고요. 끝나고 나서는 안 올 줄 알았는데 수가 많지는 않아도 어느 정도 유지되더라고요. 그때 새로 유입된 손님의 이삼십 프로는 지금도 찾아오는 것 같아요.

손님들이 가게 앞에 줄을 서게 되는 경우가 있어요. 예를 들면 새 두부가 다 되기까지 5분 정도 남았을 때요. 두부가 나오고 나서도 판을 뒤집어서 12모로 자르는 데 시간이 좀 걸리죠. 한번은 할머니 한 분이 앞에서 누가 락앤락에 두부 담아 가는 걸 보더니, 다음 번에 스테인리스 반찬통을 들고 오시더라고요. 이렇게도 할 수 있다는 걸 보고 따라들 하세요. 저희가 일 년에 사용하는 비닐봉지가 수십 킬로 돼요. 두부를 흰색 속 비닐에 한 번, 검은색 겉 비닐에 한 번 싸 드리거든요. 요새는 검정 봉지만이라도 덜 쓰려고 노력해요. 한두 분이라도 좋으니 용기를 챙겨 오는 분이 조금씩 늘었으면 해요.

한 사람의 실천이 누군가에게 힌트가 되기도 한다. 자기도 모르는 사이에 공을 받아 넘기는 사람이 늘면서 "버릴 것 없이 채우는" 일상이 퍼져나가지 않을까.

유어보틀위크에 참가하고 특히 좋았던 점과 아쉬웠던 점이 있나요?

가장 좋았던 점은 가게 정면에 포스터가 붙어 있으니 예뻤다는 것. 가게가 재래식 느낌이라 좀 삭막했는데 알록달록한 포스터를 붙였더니 분위기가 살아 보였어요. 그게 눈에 띄니까 동네분들도 무슨 포스터냐고 꽤 많이 묻더라고요. 우리 가게도 좋은 일에 참여한다고 동네에 홍보할 수 있어서 좋았어요. 아쉽거나 불편한 점은 없었어요. 그래도 굳이 말해야 한다면… 유어보틀위크를 알고 찾아오는 분들이 거의 대부분 특정 연령대더라고. 다들 젊어요. 중장년층에도 이런 행사나 일회용품 줄이기 운동이 알려지면 더 좋겠다는 생각이 들었어요. 어르신들이 직접 참여는 안 해도 포스터 보고 "비닐이나 플라스틱이 쌓이면 나중에 문제가 된다더라"라는 식으로 한마디씩 하고 가요. 관심이 없지 않다는 거죠. 이런 분들까지 행사에 참여할 수 있게 홍보하면 어떨까 싶어요.

더 많은 사람이 일회용품 줄이기에 동참하도록 만들 방법이 있을까요?

좋은 분들이 앞장서서 세상 바꾸는 역할을 해주지만, 사실 손님 대부분은 아직 간편한 것을 선호하세요. 피곤하고 생활에 여유가 없다면 일부러 다른 실천을 해보기가 어렵죠. 예를 들어 아이가 있어서 정신없이 바쁜 경우에 두부 산다고 용기를 따로 챙겨서 나오기가 힘들 수 있어요.

지난번 유어보틀위크 때는 손님이 가게에 용기를 들고 와서 뭔가를 사면 QR코드를 찍고 포인트를 얻어 갔는데요. 그때는 손님이 포인트 모아서 뿌듯해하는 걸로 끝났는데, 언젠가는 포인트를 쌓은 만큼 상품권처럼 쓸 수 있게 해보면 어떨까요? 서대문사랑상품권이나 온누리상품권처럼요. 일회용품 줄이기에 동참할 가게들을 신청받아서 지정해놓고, 소비자가 비닐이나 플라스틱 없이 물건을 구매하는 경우에만 상품권을 사용할 수 있게 하는 거예요. 쓰레기 처리하는 데도 다 세금이 들잖아요. 그렇게 돈을 쓸 바에야 상품권 형식으로 지원해주면 좋지 않을까 싶어요. 그러면 엄마들이 아이한테 상품권이랑 용기 챙겨 주면서 심부름 보낼 수도 있고요. 소비자는 돈 아껴서 좋고, 가게는 포장비 줄여서 좋고, 자연도 살릴 수 있을 거예요.

두부 말고도 개인 용기에 담아 갈 수 있는 품목이 있나요?

비지는 원래 PE(폴리에틸렌)라고 질긴 비닐에 담아서 냉장해뒀다가 파는데요. 용기를 가져오면, 불린 콩이 남아 있고 날씨가 아주 덥지 않는 한 맷돌로 갈아서 비지를 만들어 담아드릴 수 있어요. 여름에는 가져가는 동안 상할 우려가 있으니까 초봄, 늦가을, 겨울에 가능할 것 같아요. 평소에도 비지가 떨어지면 즉석에서 콩을 조금씩 갈아드려요. 두부 만들 때 한꺼번에 많이 나온 비지는 햇빛, 공기, 물, 먼지 접촉을 최대한 줄이기 위해 미리 소분해서 차갑게 보관해야 하기 때문에 무포장으로 판매하기가 어려워요. 그럼 적당한 용기를 미리 맡겨두면 그 안에 비지를 냉장 보관했다가 줄 수 있느냐 하면, 한계는 있지만 가능해요. 일단은 손님 대다수가 아니라 단 몇 분에서 시작하는 거니까요.

어떤 참가자는, 가져간 용기에 두부가 들어가지 않자 명문식품에서 두부를 잘라 "테트리스 하듯이" 담아줬다는 후기를 전했다. 가게와 손님이 함께 제로웨이스트 문화를 만들어나간다.

명문식품을 운영해온 15년의 세월을 실감하실 때가 있다면요?

거의 15년 동안 한 자리에 있다 보니까 손님 대부분이 아는 얼굴이 됐어요. 꼭 두부 때문이 아니더라도 가게에 들르세요. 예를 들면 두부 만들 때 순두부를 틀에 넣고 누르면 순물이 나오는데, 그게 손발 동상 걸린 데 좋다고 얻으러 와요. 한 분 드렸더니 친구가 여기서 순물을 준댔다고 다른 분도 오고. 아무래도 동상은 병원에서 더 잘 고쳐줄 것 같은데… 된장이 말랐다고 간수 얻으러 오고, '이따 두부 사러 올 테니까 장바구니랑 대파 좀 맡겨줘' 하고 가시고… 초등학생 때부터 두부 심부름 오던 아이가 군인이 돼서 나타나기도 해요. 최근에는 멀리 홍대나 연남동에서 일부러 찾아오는 손님이 생기기도 했어요.

앞으로의 남가좌동이 어떤 모습이기를 바라시나요?

동네분들이나 멀리서 오는 분들 모두 걷기 좋고 재미있는 거리가 되면 좋겠어요. 애들이랑 손 잡고 나올 만한 구경거리, 먹을거리 많은 동네가 되기를 바라요. 카페, 빵집, 호떡집, 떡볶이집, 액세서리집 등 작은 가게들이 다양하게 많았으면 하고요. 연희동을 보니까 저쪽으로는 가죽 공예품점, 수제 사탕 가게 등이 생겼더라고요. 이쪽으로도 그런 가게들이 슬슬 밀려오는 것 같아요. 온종일 걸어 다녀도 힘들지 않은 남가좌동이 됐으면 해요.

경성참기름집 이야기

씨앗을 뿌리는 일

옛 홍연시장 골목 모퉁이에 오래된 참기름집이 있다. 청록색 간판에 쓰인 상호부터 수십 년의 흔적을 간직한 모습이다. 1983년에 개업한 경성참기름집. 현 '방앗간 지킴이'들이 가게를 이어받은 지 6년이 됐고, 여전히 전통 압착 방식으로 기름을 짜고 있다.

보틀팩토리와는 2019년 봄 채우장에 참가하면서 연결됐다. 이후 소분 판매를 시작하고 그 품목도 점차 늘려 지금은 천일염, 겉보리차, 들깻가루 등을 언제나 무포장으로 살 수 있고, '기름 짜는 날'에 유리병을 들고 방문하면 갓 짠 기름을 담아 갈 수 있다. 두 번째 유어보틀위크 때는 가게 공간을 인포메이션 센터로 내줬다. 서포터즈가 경성참기름집에 머물며 행사를 안내하고 다회용기를 대여했다. 가게 앞에 테이블 두 개가 놓였고, 참가자들이 가을 공기를 쐬며 포장 없이 구입한 떡이나 빵, 김밥을 먹는 소풍 같은 풍경이 만들어졌다.

경성참기름집은 오늘도 어둑한 골목을 고소한 내음으로 채워나간다. 2021년 4월 20일, 신승연 방앗간 지킴이에게 경성참기름집의 어제와 오늘에 대한 이야기를 들어봤다.

인터뷰이: 신승연 경성참기름집 방앗간 지킴이 │ 인터뷰어: 김이재 에디터

———

경성참기름집
주소: 서울시 서대문구 홍연길 66
전화: 02-334-7294 │ 영업시간: 11:00-19:00 (월·화 휴무)
인스타그램: @ks.sesameoil_1983

경성참기름집은 어떤 가게인지 소개를 부탁합니다.

가게에서 직접 짠 참기름을 사 먹을 수 있는 동네 방앗간입니다. 경성참기름집은 1983년부터 지금까지 같은 자리를 지켜왔어요. 2015년부터는 새로운 '방앗간 지킴이'들이 공간을 이어받아서 '1983 전통문화 방앗간'이라는 별칭을 붙여 운영하고 있어요.

2015년에 참기름집을 어떻게 시작하셨나요?

당시 동네 이웃으로 경성참기름집을 오가며 참기름을 사 먹곤 했어요. 그런데 어느 날 노부부 사장님들이 참기름 짜는 일이 너무 고되고 장사도 잘 안된다며 가게를 접어야겠다고 하시는 거예요. 바로 "제가 해보면 안 될까요?" 했어요. 그 한마디에, 그냥 그렇게 시작된 거예요. '공간이 사라지는 게 싫다'는 단순한 마음에서. 깨를 어디서 받아 오고 어떻게 짜며 가게 일은 어떻게 하는지 전혀 모르는 상태였지만, 일단 해보기로 했죠. 해오던 일과 가게 운영을 병행하기 힘들어서 함께할 사람들을 찾았어요. 다양한 문화 행사를 통해 공간을 열어놓고 참가자들과 함께 운영하는 방식을 만들어나갔죠. 모임 구성원뿐만 아니라 가게를 찾은 이웃 모두가 경성참기름집의 불을 밝힌 방앗간 지킴이라고 볼 수 있어요. 같이 만들고 같이 지켜왔죠. 경성참기름집은 소수의 운영자가 대표하는 것이 아니라 여럿이 방앗간 지킴이로 참여해 함께 만들고 이끄는 공간이에요.

새로운 일에 뛰어들어 참기름 짜기부터 배우는 과정이 순탄치 않았을 듯합니다.

첫걸음은 노부부 사장님들께 간단히 배웠는데, 이후 전통 방식을 더 깊이 알아보면 좋겠다는 생각이 들었어요. 수소문 끝에 60년 가까이 기름 짜는 일만 해온 분을 찾아 제대로 배우면서 기계도 수리받았어요. 연세가 여든이나 되는데도 깨를 씻고, 말리고, 볶고, 식힌 다음 착유기에 넣어 압착해 기름을 짜내는 법을 전부 직접 시연하면서 세세히 가르쳐주셨어요. 너무나 생소한 작업이라 처음에는 기겁했죠. 지킴이들과 영상 촬영까지 하면서 머리로도 손으로도 익혔어요. 처음에는 속도가 느려서 힘들었고 거쳐야 하는 과정이 익숙지 않아 모든 작업이 번거롭게 느껴졌어요. 한겨울에 밖에서 깨를 씻느라 손발이 동상에 걸리기도 했죠. 그렇게 몇 달을 수없이 반복하다 보니 속도가 붙고 작업 방식을 감으로 조절할 수 있게 되더라고요. 되돌아 보니 기름 짜기란 정말 힘든 작업이네요. 그렇지만 계속해서 전통적인 참기름 짜기 방식을 고수할 생각이에요.

전통 방식으로 참기름 한 병을 만들기까지 시간이 얼마나 걸리나요?

깨를 세척해 건조하고, 저온에 볶고, 열을 식히고, 압착해 기름을 짜내는 데 못해도 1시간 이상 걸려요. 옛날 기계로 사이사이 충분한 시간을 두고 작업하면 2시간 가까이 소요되기도 합니다. 이 모든 과정을 거쳐서 한 번에 8-9병 정도 나오니 얼마 안 되죠. 물론 기계나 병 크기에 따라서 달라질 수 있어요. 어떤 분들은 기름이 왜 이렇게 비싸냐고 하시는데요. 한 병을 보통 6개월은 드시니까, 생산 과정과 사용 기간을 고려하면 그리 비싼 가격은 아니라고 생각해요. 수입 올리브유는 아무리 비싸도 잘 팔리는 반면에 참기름은 괄시받는 것 같아 안타까워요. 한식에서 참기름과 들기름은 빠질 수 없는 재료인데 말이에요. 우리 기름의 가치를 어떻게 올릴 수 있을까 고민하는데, 좋은 품질을 유지하면서 제값에 판매하는 것이 기름의 가치를 떨어뜨리지 않는 길이라고 생각해요.

가게 차원에서 여러 행사를 기획하셨다고요.

시작은 옛 공간이 사라지면 안 된다는 마음 하나였어요. 공간이 살아남으려면 사람이 많이 모여야 하니 사랑방 역할을 해보자 싶었어요. 그래서 동네 경로당에 계신 분들께 참깨를 무료로 나눠드리는 행사도 했어요. '차 문화 교실'을 열어 차에 곁들이는 참깨 다식을 만들기도 하고, '차(茶) 있는 골목, 차(車) 없는 골목'이라는 동네 장터를 기획하기도 했죠. 이웃 청년들과 밥해 먹는 모임 '1만 원의 밥상'을 열기도 하고, 좋은 옛 책을 함께 읽는 모임과 동네 매거진 만드는 모임도 했고요. 이런 활동을 통해 참기름집의 전통을 이어갈 뿐 아니라 '문화 방앗간'이라는 별칭에 걸맞은 모습이 되고자 했어요.

경성참기름집은 깨를 짜서 기름을 내고 고추를 빻아 고 춧가루를 만들듯 건강한 먹거리 문화를 생산하는 방앗 간이 되고자 한다.

동네 가게들과 함께 새로운 문화를 만들어가려 했다는 점에서 보틀팩토리와 활동의 맥락이 닿아 있는 듯합니다.

앞서 이야기한 행사들을 기획하고 진행하는 건 여러모로 힘에 부 치는 일이기도 해서, 활동 기간을 2년까지는 못 채웠어요. 2018년 봄 보틀팩토리가 연희동에 오기 직전까지 했죠. 보틀팩토리로부터 채우장에 참여하지 않겠느냐는 제안을 듣고는 경성참기름집이 지 향하는 행사의 맥락과 잘 맞아서 조금의 고민도 없이 흔쾌히 받아 들였어요. 맥락이 닿아 있다 보니 협업이 쉽게 진행됐던 것 같아요. 환경을 위한 길이라는 취지에 공감해서 연결되고 싶은 마음도 충분 히 있었고, 행사에 참여하는 일이 의미 있으리라고 생각했어요.

두 번째 유어보틀위크 때는 경성참기름집을 인포메이션 센터로 쓰라고 먼저 제안하셨고요.

2015년 가게를 시작하고 늦은 시간까지 문을 열어두면서 동네 분들께 가장 많이 들은 얘기가, 어둑했던 골목길이 참기름집 덕분 에 밝아져서 참 좋다는 것이었어요. 당시 홍연아파트 재건축 공사 때문에 동네가 어두컴컴해서 다니기 불편했거든요. 어떤 형태로든 가게에 불을 밝혀놓으니 골목 시장이든 동네든 '살아 있다'는 표식이 됐어요. 유어보틀위크 기간에는 보틀팩토리에서 늦게까지 열어주셨어요. 대신 불 밝혀줄 사람이 있는데 공간에서 무엇을 하든 마다할 이유가 없었죠. 한편으로는 참가자들이 김밥을 사서 참기름집 앞마당에 앉아 먹으면 운치도 있고 고소함을 더 잘 느낄 수 있지 않을까 싶기도 했어요. 동네 골목길, 작은 노포에서의 따뜻한 경험을 제공하고 싶었어요. 그게 바로 사랑방 역할이고 애초에 경성참기름집 공간을 통해 하고 싶던 일이기도 했으니까요. 여러모로 운영이 어려웠던 시기에 보틀팩토리에서 손 내밀어준 거예요. 당연히 대환영!

유어보틀위크 첫해에 보틀팩토리는 여기저기 흩어져 있는 카페들을 섭외했다. 이듬해는 범위를 '동네'로 좁히고 참여 가게를 다양화했다. 동네 골목의 경성참기름집은 행사 진행에 필요한 공간을 내주며 자연스레 인포메이션 센터 역할을 했다.

현재는 어떤 품목들을 소분해 판매하시나요?

채우장에 참여하면서 볶음참깨와 들깻가루 등을 소분 판매하기 시작했어요. 지금은 깨뿐만 아니라 옥수수차, 보리차 등 모든 곡물류를 언제든지 원하는 만큼 덜어서 구입할 수 있어요. 다만, 기름류는 100% 소분 판매하기가 어려워요. 기름은 공기와 접촉하면 빠르게 산화하는 편이에요. 손님이 기름을 직접 나눠 담는 과정에서 기름이 공기에 또 한 번 노출된다는 점이 무엇보다 염려됐어요. 보틀팩토리에서도 기름류 소분 판매를 여러 번 제안했는데 위생과 직결된 문제라 내내 마음에 걸렸죠. 고심 끝에 한 가지 방법을 찾았어요. '기름 짜는 날' 알림 서비스를 제공하기로 한 거예요. 경성참기름집 인스타그램 계정을 통해 서비스를 신청한 분들께 '기름 짜는 날'을 알려드리고 있어요. 그날에 맞춰서 유리병을 가져오면 착유기에서 갓 나온 따뜻한 기름을 담아 갈 수 있어요. 이렇듯 소분 판매 방식을 고민하면서 한 걸음씩 나아가는 중이에요. 보틀팩토리와의 연결이 참 의미 있는 일이라는 생각을 해요. 더 나은 지구 환경에 대해 고민하는 계기가 됐어요. 보틀팩토리와 협업하는 날이 자연스럽게 또 찾아올 것 같은 즐거운 예감이 들어요.

앞으로의 연희동이 어떤 모습이기를 바라시나요?

경성참기름집처럼 소비자가 제품 생산 과정을 눈으로 보고 바로 먹어볼 수 있는 가게가 동네에 많아졌으면… 적어도 남아 있는 옛 가게들만이라도 사라지지 않았으면 좋겠어요. 예를 들면 동네 떡집이 오래 살아남기를 바라는 마음이 간절해요. 다음 세대도 떡집에서 직접 만드는, 고유의 맛이 담긴 떡을 사 먹을 수 있도록. 동네 가게가 하나둘 사라지다 보면 언젠가는 누가 어떻게 만들었는지 모를 식품을 온라인상에서 이미지만 보고 구입할 수밖에 없게 될 테니까요. 시대에 맞는 유통 방법이긴 하지만 안타까운 마음이 들어요. 동네에 생산자가 직접 운영하는 전통적인 가게가 필요하다는 생각을 점점 더 하게 돼요. 요즘 뉴트로가 유행하는데, 인테리어 디자인을 옛날 분위기로 꾸미는 건 얼마든지 할 수 있어요. 그렇지만 실제로 옛것의 정신과 문화를 이어가는 일은 쉽지 않죠.

상품을 담아 진열한 소쿠리와 광주리, 가게 앞에 세워 둔 삼태기, 말린 들풀 몇 다발, 민속화, 그리고 전통 방식으로 짠 기름의 내음이 경성참기름집을 채운다. 전통 문화에 뿌리내리고 새로운 포장·판매 방식을 고민하면서 가지를 뻗어나간다.

특별히 옛 문화에 관심을 두는 이유가 있나요?

문화 전반에 관심이 많은데, 특히 전통문화에 마음이 가요. 새로움을 좇는 사람은 세상에 넘쳐나요. 새것을 따르는 사이에 옛것은 사라져가는 줄도 모르고 놓쳐버리는 경우가 꽤 많죠. 옛것에 새로움을 더하면 보다 풍요로운 무언가를 만들 수 있다고 생각해요. 전통이라는 기본기가 없는 상태에서 새로움만 좇아 만든 결과물은 금세 날아가버리고 기억에서 쉽게 사라지더라고요. 단단한 뿌리가 있는 나무들이 결국 큰 숲을 이루잖아요. 작은 씨앗을 하나둘 심어 단단히 뿌리내리고 자라게 하는 일이 바로 좋은 문화를 만들어가는 일이라고 생각해요. 저는 글 쓰고 책 만드는 일을 병행하고 있는데요. 의미 있는 책이 하나하나 모여 언젠가는 울창한 책 숲을 이루는 꿈을 꿔요. 책 한 권, 참기름 한 방울도 문화의 씨앗이 될 수 있다고 믿어요. 저, 그리고 함께하는 이들의 활동이 작은 씨앗을 뿌리는 작업이 되기를 바랍니다.

커피감각 이야기

매일의 커피, 10년의 그림

커피감각은 2012년 1월 연남동에서 문을 열어 2021년 3월까지 영업한 카페. 한국, 일본, 미국을 오가며 경력을 쌓은 바리스타가 가게를 만들고 10년 동안 지켜왔다.

깨끗한 흰색 벽면과 나무 바닥으로 이뤄진 공간에는 목제 테이블과 의자가 배치돼 있었다. 커피에만 집중하기 위해 안쪽 구석에 설치한 로스팅룸에서 작업했고, 계절에 따라 어울리는 원두를 소개했다. 무더운 여름에는 상큼하고 달콤한 풍미의 커피를, 연말 시즌에는 오렌지, 아몬드, 코코아 향이 나는 커피를 맛볼 수 있었다.

커피감각은 초창기부터 매장에서 일회용 컵을 쓰지 않는다는 원칙을 지향했다. 온도, 촉감, 맛이 가장 큰 이유였는데, 함부로 버려지는 자원이 아깝다는 마음도 있었다. "일회용품 안 쓰기, 일주일만 해보면 어떨까요?"라는 보틀팩토리의 제안을 받았을 때, 구체적으로 무엇을 하고 무엇을 하지 말아야 하는지 되물었다. 첫 번째 유어보틀위크는 그렇게 시작됐다. 2021년 4월, 새로운 10년을 준비 중인 방규영 대표와 만나 이야기를 나눴다.

인터뷰이: 방규영 (전)커피감각 대표 | 인터뷰어: 김이재 에디터

———

(전)커피감각
2021년 3월 14일 영업 종료
인스타그램: @coffeegamgak

10년 전 커피감각의 처음은 어땠나요?

2002년에 커피 일을 시작했거든요. 그땐 별생각이 없었는데 점차 '내 커피 하고 싶다'는 욕심이 생겼고, 막연히 '10년 뒤에는 내 가게 하고 있겠지' 했죠. 그러다가 11년 차 되던 2012년에 문을 연 거예요. 처음에는 강남에 자리를 알아봤는데 마땅치 않더라고요. 한적한 동네를 찾다가 연희동에 갔더니 부동산에서 카페 할 자리가 아니라고 말려요. 그러다 연남동을 알게 됐어요. 제가 커피를 일본식으로 배웠거든요. 그때 연남동은 골목 많은 일본 동네 같은 느낌? 주택가라 한적했고, 가게 앞에 공원도 생길 예정이었고… 장사가 아주 잘되리라고 기대하기는 어려운 동네였지만 편안하고 차분한 느낌이 좋아서 여기서 해야겠다 싶었어요. 엄청 구석진 자리여서 가게 앞에 가로등도 없었어요. 자금도 많지 않고 틀에 박힌 인테리어를 하고 싶지도 않아서 다 직접 꾸몄어요. 카페에서 오래 일하다 보니 동선을 어떻게 짜야 할지 머릿속에 그려지더라고요. 테이블이나 의자는 제가 원하는 형태로 대충 그려서 가구 디자인하는 친구한테 맡겼고요. 간판도 없이 시작했어요. '커피가 맛있으면 사람들이 찾아오겠지' 하는 생각으로요.

영업을 지속할 수 있겠다는 생각은 언제쯤부터 하셨나요?

실질적으로 수익을 남기기 시작한 건 6년 차부터예요. 그전까지는 그냥 버티기. 계속 버티기. 그때쯤 많이 지쳐서 여기서 계속해야 하나 갈등도 됐어요. 공원이 들어오고 동네에 사람이 많아지기는 했는데 핫한 가게가 아니면 대체로 거들떠보지도 않아요. 제가 마케팅을 잘하는 것도 아니고⋯ 사실은 마음이 반반이었어요. 큰돈은 못 벌어도 어느 정도 선까지는 수익을 올리고 싶은데 그렇다고 가게가 너무 붐비는 건 싫고⋯ 그래서 그 중간을 찾아보자는 마음으로 3-4년 전에 리모델링했어요. 제가 나무를 좋아해서 나무를 많이 썼어요. 목재로 긴 의자랑 벽면 장식물을 만들고 조명을 바꾸고 테이블 수를 늘렸어요. 그 무렵부터 수익을 남기기 시작했고요.

그러다가 10년 만에 가게를 그만둬야겠다고 결심하시기가 쉽지 않았겠어요.

10년은 잘 버텼는데, 또 다른 10년을 기대하기에는 아쉬운 면이 있었어요. 변화를 주면서 가게를 확장해가고 싶은데 공간이 협소하다는 생각도 하던 참이에요. 사실 월세 내는 것도 지쳤고요. 그러던 중에 코로나가 유행하기 시작했죠. 뭐랄까, 카페는 사람과 대면하는 사업인데 그렇지 못하게 되니까 정신적으로 많이 힘들었어요. 접객하는 마음도 반반 나뉘었어요. 손님이 계속 들어오길 바랐지만, 테이블이 어느 정도 차면 저부터가 불안했어요. 앞으로 어떻게 해야 하나, 다시 생각하게 됐어요. 처음 시작했을 때처럼 또 버티기? 마냥 버티려면 버틸 수야 있겠지만 언제까지 버텨야 하는지, 이대로 버텨도 될지 알 수가 없었어요. 여러 이유로 그만둬야 하나 고민하던 차에 코로나를 계기로 더 빨리 결정을 내리게 됐죠.

커피감각은 원하는 모습을 그리고 거기에 가까워지기 위해 나름의 원칙을 세워 따르면서 10년간 자리를 지켰다.

초창기부터 매장에서는 일회용 컵을 사용하지 않으셨다고 들었어요.

커피는 잔에 마셔야 입에 닿는 촉감과 온도 덕분에 맛이 플러스되거든요. 보기에도 좋고요. 2018년 매장 내 일회용 컵 사용 규제가 생기기 전부터도 음료를 꼭 잔에 냈어요. 커피 맛을 최적의 상태로 전하기 위해서 테이크아웃 판매도 안 했고요. 말씀드렸다시피 정말 '버티기'였는데, 버티기가 너무 힘들어지다 보니까 매출을 고려해서 시작하게 된 거예요. 그러고도 웬만하면 매장에서 드시도록 자연스럽게 유도했고 테이크아웃 할인도 전혀 안 했어요. 일회용 포장재를 사는 비용이 적잖이 드는데 할인을 할 게 아니라 오히려 가격을 조금이라도 더 매겨야 하지 않나 싶기도 했어요. 그런데 코로나 이후로는 저희가 아무리 깨끗이 세척한대도 찝찝해하는 분에게는 일회용 컵에 담아드렸죠.

의도는 달랐지만 일회용품을 덜 사용하는 방향으로 나아가고 계셨던 셈이네요.

커피 맛도 맛이지만 자원이 낭비되는 게 아깝다는 생각도 많이

했어요. 요새 인스타그램에서 보면, 플라스틱 컵에 음료를 담고 종이컵에 끼워서 주는 카페가 많아요. 종이컵을 홀더 대신 쓴다? 아무런 실용적인 이유가 없는데 그냥 패션처럼 유행하는 거예요. 진짜 너무 아깝죠. 쓰레기를 한 번에 두 개나 만드는 셈이잖아요. 그런데 사실 장사하는 입장에서 거기까지는 걱정 안 해도 되거든요. 제가 걱정할 문제는 아니긴 한데… 모르겠어요. 별다른 이유도 없이 자원을 마냥 소비하는 게 마음에 안 들어요.

> 커피감각 종이 쇼핑백은, 무지 봉투 위에 도장으로 로고만 작게 찍어 최대한 단순하게 제작했다. 브랜드가 눈에 띄지 않아야 쇼핑백을 재사용하기 좋겠다는 생각에서였다. 쉽게 버려지는 자원을 아까워하는 마음이 바탕이 됐다.

2018년 첫 유어보틀위크 아이디어를 듣고 어떤 생각이 드셨나요?

정다운 대표님이 "보틀팩토리에서 일회용품 안 쓰는 행사를 카페들이랑 같이 해보고 싶은데, 될까요? 어려울까요?" 하셨어요. 저는 좋은 생각이라고 하면서 구체적으로 어떻게 진행할 건지 물어봤고요. 항상 방법이 문제죠. 취지가 좋긴 한데 가게나 손님이 어떻게 거부감 없이 참여하게 할까? 얼마 뒤에 보틀팩토리에서 가이드라인을 만들어서 보여줬는데, 괜찮다 싶었어요. 가게에서 실천하기 어려운 일은 없었고 주최 측에서 준비물을 전부 제공하는 식이었으니까요.

막상 행사 시작하면서 의문이 들기는 했어요. 과연 될까? 음료를 서빙하면서 "빨대를 안 써보면 어떨까요?"라고 적힌 메모지를 같이 드리기로 되어 있었거든요. 필요한 경우에 따로 요청하면 유리 빨대를 드리기로요. 대부분 평소처럼 빨대를 달라고 할 것 같았어요. 그런데 해보니까 되더라고요. 커피 마시면서 환경 살리는 일에도 동참한다는 데서 손님들이 뿌듯함을 느낀 것 같아요. 그런 체험을 제공할 수 있어서 굉장히 좋았죠. 간단한 문구 하나가 행동을 바꾼다는 게 되게 신기했어요.

유어보틀위크 참가 이후 가게에 달라진 점이 있다면요?

일회용 빨대를 확실히 덜 사용하게 됐어요. 행사 때는 보틀팩토리에서 제공한 유리 빨대를 썼고 끝나고는 직접 수십 개 구매했어요. 세척하고 소독하는 과정이 번거롭기는 해도 유리가 투명하고 깨끗하다는 이미지가 있어서 그런지 손님들 반응도 좋았어요. 그런데 유리는 깨질 위험이 있어 나중에는 생분해 빨대로 전부 교체했어요. 확실히 비싸긴 한데 어차피 일회용 빨대로 돌아갈 수는 없고 테이크아웃이 큰 비중을 차지하지도 않아서요. 그전부터도 일회용품 사용을 최대한 줄이고 싶었는데 현실적으로 어렵게 느껴지기도 했거든요? 일주일간 직접 해보고 나서는 뭐랄까, 이런 실천을 장기적으로 이어가야겠다는 생각을 많이 했어요.

첫 유어보틀위크의 목적은 소비자와 판매자 양측에 시작의 경험을 제공하는 것이었다. 커피감각의 경우 소비자는 일회용 빨대를 쓰지 않는 경험을, 판매자는 어려우리라고 예상한 일이 잘된 경험을 해본 셈이었다.

첫 유어보틀위크 때 융 드립 워크숍을 맡아 진행하셨는데, 어떤 내용이었나요?

융 필터를 만들고 융 드립을 체험해보는 워크숍이었어요. 종이 필터가 없던 시절에는 천으로 된 필터를 써서 커피를 내렸어요. 융 또는 플란넬이라는 직물로 만든 필터인데, 잘만 관리하면 3-6개월 정도 쓸 수 있어요. 관리하기가 까다롭긴 해요. 끓는 물에 삶고 커피 물을 빼고 바짝 말리고 다시 삶아야 하는 등 수고는 들지만 쓰레기를 줄일 수 있죠. 곰팡이를 방지하기 위해서, 깨끗하게 세척한 융 필터를 얼음물에 담가서 냉장 보관하는 방법도 있어요. 커피 내릴 때는 물기를 꼭 짜서 쓰고요. 융 필터 안쪽의 보풀이 닳아 없어졌다거나 냄새가 난다거나 구멍이 넓어졌다거나 할 때 폐기하면 돼요.

사실 융 드립이 더 맛있어요. 종이 필터가 커피의 기름 성분을 흡수해서 맛을 마일드하게 만든다면, 융 필터는 그대로 통과시켜서 향미나 감촉을 더 풍부하게 하거든요. 워크숍 때 시음도 했어요. 물 온도나 원두 종류 등 다른 조건이 모두 같은 상황에서 각각 융 필터, 종이 필터로 커피를 내렸을 때 맛이 어떻게 다른지 보여드리기 위해서요.

원두를 살 때마다 포장재를 결국 버리게 되더라고요. 원두를 소분 구매하려면 어떤 용기를 가져가는 게 좋을까요?

유리든 플라스틱이든 재질은 상관없는데 반드시 공기가 차단되어야 해요. 커피는 공기와 접촉하면 할수록 수명이 줄어요. 공기 중에는 수분이 있거든요. 커피는 일종의 스펀지라고 보시면 돼요. 커피 입자에 무수한 구멍이 나 있는데, 공기와 닿으면 구멍에 수분이 들어가서 맛이 떨어져요. 밀폐 용기 아무거나 다 추천해요.

그렇잖아도 원두 판매할 때 쓰레기가 많이 나온다는 점 때문에 원두 패키지를 전부 교체했었어요. 처음 패키지를 고를 때는 가성비만 고려했는데, 나중에는 '커필름'이라고 종이로 분리 배출할 수 있고 생분해되는 재질의 지퍼백을 썼어요. 기존 비닐 패키지보다 가격이 두 배 정도 비쌌는데요. 사실 커피감각 가격대가 저렴하지는 않았기 때문에 그만큼 여러 면에서 퀄리티를 보장하고 싶었어요.

10년간 커피 일을 하고서 10년간 한 자리에서 가게를 하셨습니다. 다가올 10년에 대한 계획이 있다면요?

뭔가 시작하긴 해야 하는데 생각이 많습니다. 커피는 업이니까 계속할 텐데, 어떻게 풀어나갈지 고민할 시간이 필요해요. 시대 상황에 맞춰서 좀 더 다양하게 영업해야 할 것 같기도 하고… 카페를 하면서 제품 판매에 비중을 둔다거나 하는 식으로요. 예를 들어 커피감각에서는 코로나 이후에 드립백이나 굿즈를 만들었어요. 코로

나가 세상을 너무 많이 바뀌놔서 이제 예전 같을 수 없으니까 저도 발상을 바꿔봐야겠다는 생각이 들어요.

커피 일 시작한 무렵에 막연히 그려보던 그림이 중요했구나 생각해요. '이때쯤에는 내 가게를 하고 있겠지' 상상하던 게 현실이 되고 나니까 '진짜 되는구나' 싶었어요. 커피감각 자리에 들어가면서는 건물주 아저씨한테 10년 장사하려고 얻은 거라고 했거든요. 거짓말같이 정말 10년 채우고 그만두게 됐을 때 '어, 뭐지?' 했어요. '생각대로 되긴 되는구나' 하는 믿음이 커졌죠. 공원 생기고 연남동 분위기가 바뀌면서 주변 가게가 많이들 떠나는 동안 커피감각은 본의 아니게 터줏대감이 돼버렸는데요. 오래 버티고 있으니까 건물주 아들이냐는 얘기도 많이 들었어요. 진짜 웃겼어요.

이번에 깊이 고민해서 새로 시작해야겠죠. 서울이 아니더라도요. 무엇이든 10년은 해야 한다는 생각을 항상 해왔어요. 커피감각 할 때는 역사 없이 0부터 시작이라는 점이 제일 힘들었어요. 저는 커피 경력을 10년 쌓아놨어도 커피감각이라는 가게는 0부터였으니까. 지금 시점에 커피감각이라는 브랜드에 대해서는 욕심이 없어요. 새로운 사업을 하게 되면 같은 이름은 굳이 안 써도 될 것 같아요. 다시 0부터 시작하게 되겠지만, 그래도 '아는 사람은 알아주지 않을까' 합니다.

제3장
버릴 것 없이
채우는 일상

"버릴 것 없이 채우는 일상"은 세 번째
유어보틀위크(2020)의 슬로건이다.
이 장에서 우리는 '락앤락커' 서포터즈로
유어보틀위크에 참여해 무포장 구입을 실천한
사람들의 목소리를 통해 버릴 게 없게 된 일상이
무엇으로 채워질 수 있는지 살펴본다.

편리함이란 단어의 양면성

"얼마예요?" "감사합니다." 이렇게 딱
두 마디로 끝났을 연희떡집 사장님과
나의 대화가 다회용기에 떡을
포장하면서 "이쁘게 담아드릴게요"로
시작해 소소한 이야기로 이어졌다.
포장을 기다리는 일은 시간을 필요로
하지만 오히려 여유가 생기는 것 같다.
요즈음 편리함이란 단어의 양면성에
대해서 더욱 생각해보게 된다.

———
koivone

쌀을 담으면 틈이 생기니까

대낮부터 자전거를 타고 달려간 곳은 바로 연희동 경복쌀상회.
전부터 쓰레기 없이 쌀만 사고 싶었는데, 그러려면 방앗간을 가야
하나 궁금했다. 그런데 바로 여기서 리터럴리 쌀만 살 수 있었다.
대략 2kg의 쌀을 사려고 2L짜리 용기를 가져갔는데, 1.5kg을 담으니
오마갓… 꽉 차버렸다. 사장님께서 1kg당 1L라고 생각하면 되지만
쌀을 담으면 틈이 생기기 때문에 넉넉하게 가져오는 게 좋다고
하셨다. 백미는 100g당 400원으로, 2kg를 만 원대에 샀던 것을
생각하면 엄청 쌌다. 완전 강추! 사장님도 친절하시고, 제로클럽
앱으로 큐알코드를 찍었더니 쌀과자도 주셨음. 유어보틀위크
때문이 아니더라도 앞으로 꾸준히 방문할 것. 연희동 주민들 너무
부러워. 나도 이 동네 살래…

———
marine.kang

다시 생각 다른 선택 약간의 해방감

오늘 아침 산책은 두부 가게로 다녀왔지. 두부를 거의 매일 먹는
편인데, 마트 두부는 무조건 플라스틱 팩에 담겨 있고, 시장
두부는 살 때마다 비닐을 두 장씩 써야 해서 두부보다 살짝 더
무거운 죄책감(?)이 따라오곤 했다. 그러던 중 동네 제로웨이스트
축제 덕에 별다른 설명이나 부탁 없이도 통을 내밀면 두부를
척 하고 담아주시는 동네 손두부 가게가 생겼다. 통에 담아
사니까 남은 두부를 옮겨 담을 필요도 없이 쓸 만큼만 썰어 쓰고
나머지는 그대로 담아두면 돼서 편리. 두부도 손두부라 대빵 커…
일회용기에 의존하지 않고 장 보는 경험은 뭐랄까 자립심이 +1
되는 기분. 무조건 택일할 수밖에 없게 세팅된 기본 옵션을 고르는
게 아니라, 불편하더라도 다시 생각해보고 다른 선택을 해보는
일은 약간의 해방감도 준다. 장바구니와 통, 주머니를 가져가도
어쩔수 없이 포장 쓰레기를 함께 구매할 때가 여전히 더 많지만.
그래도 먼저 다른 선택지를 뚫어주는 사람들이 있어서 조금씩
나아지고 있다. 아무튼 이제 이 락앤락은 두부 전용으로 지정!
내일은 두부찌개 끓여야지.

———
bh.k

양도 더 많이 주신다

코로나가 시작된 후로 도시락을
챙겨 다닌다. 단조로운 메뉴들이
지겨워질 때쯤 식당에서 포장을
해 올까 싶었다. 몇번 해봤는데
그때마다 일회용 쓰레기를 치우는
것도 일이라 사먹는 건 포기하곤
했다. 그러던 중 유어보틀위크
락앤락커 활동으로 무포장 할 수
있는 가게들을 알게 되었다. 참여
가게에 가서 통을 드리며 "담아가도
될까요?"라고 주문하면 된다. 몇 번
연습해보니 일반 가게에서도 어렵지
않았다. (양도 더 많이 주심) 조금만
신경 쓰면 할 수 있는 일이 많다.
제로클럽 앱을 통해 참여 가게를
확인하고 점수까지 쌓을 수 있다!

hey_springtime

당신이 나의 처음 담아 가는 손님

어젯밤 퇴근길 희로에 들러서
챙겨 간 용기에 우동을 담아
왔다. 희로에서는 처음 담아
가는 손님이라길래 괜히 뿌듯.
거기다 귀여운 쪽지까지! 또 담아
갈래요ㅇㅇㅇ. 협소한 공간이라
웨이팅 할 때가 종종 있는데 용기만
챙겨서 담아 오면 너무 좋은 듯.

jihye.wisdom

이맘때쯤 나는 것들

어제 경복쌀상회에 들렀다. 쌀과 잡곡류를 원하는 양만큼 담아갈
수 있게끔 되어 있고, 한쪽에는 대여 가능한 용기도 마련되어 있다.
잡곡류는 팥, 깐 녹두, 백미, 현미, 찹쌀이 있었다. 그중 녹두를
구입했다. 소량을 구입해도 부담이 없다는 점이 제일 좋았다. 특히
베란다가 없는 우리집에 쌀 한 포대를 사다놓는 건 보관이 불편해서
미뤄왔던 일이었는데 말이다. 더군다나 제철 채소에도 익숙하지
않은 초보 주부에게 곡물은 더 어려운 분야다. 마트에서 언제든 볼
수 있지만 갓 수확한 것인지 분별할 방법이 없으니 말이다. 하지만
이렇게 자주 들여다보고 사장님께 물어보고 사 먹다 보면 사계절이
흘러 이맘때쯤 나는 것들에 익숙해져 있지 않을까. 병아리콩이나
퀴노아는 따로 주문할 수도 있다고 하니, 이제 메뉴팩트에서 커피 한
잔 마시고 종종 들르는 공간이 될 것 같다.

nowandthen.official

신이 나는 하루

유어보틀위크에 너무 가고 싶었지만 타 지역에 살아서 너무너무
아쉬웠는데, 우리 동네에서 내가 스스로 실천하면 '그게
유어보틀위크지!' 하는 생각이 들었습니다. 요즘 다이어트를
하고 있어서 저녁에 밥 대신 가벼운 음식을 먹는데 예전에 먹던
미스터얼리 그래놀라가 너무 먹고 싶어서 통에 담아 갈 테니
따로 담아두지 말라고 전화로 미리 요청드렸어요. 500ml 통을
가져갔는데 어느 정도 담길지 감이 안 잡혔죠. 원래 200g, 400g
단위로 판매하는 데다가 제 통에 꽉 담아보니 340g이 되었는데도
사장님께서 300g 가격으로 계산해주셨어요. 이런 방식으로는
처음이라고 신기해하셨어요! 괜히 뿌듯… 미스터얼리는 다양한
그래놀라를 수제로 만들어서 파는데 근처에 이런 수제 그래놀라
가게가 있어서 포장 없이 살 수 있다는 것이 정말 좋았어요!
그래놀라를 사고 나오는 길에 우연히 베이커리 밀집을 발견했어요.
오픈한 지 얼마 안 된 가게여서 정말 신기했어요. 비건 빵 위주로
판매하고 있었고, 제가 종이 봉투를 받지 않는다고 말씀드리니까
다음에 올 때 담아 갈 통을 가져오면 빵을 서비스로 넣어주겠다고
말씀하셔서 정말 감동했어요. 오늘은 빵을 살 계획이 없어서 담아갈
통을 못 가져갔지만 먼저 제안해주시고 무려 서비스도 주신다고

하다니! 사장님도 쓰레기가 버려지는 것에 마음 아파하시고 비건에 관심이 많으셔서 기분 좋은 대화를 많이 나눴어요. 비록 유어보틀위크는 못 갔지만 우리 동네에서 소소하게 실천해본 유어보틀위크! 소소한 실천이 모이면 우리 동네에도 제로웨이스트 가게가 많아질 것 같아서 신이 나는 하루였어요!

———
0waste0

자전거에 락앤락을 태운 사람

친구들과의 오후 티타임을 위해 버드스틱에서 케이크를 샀다. 매장이 남산에 있을 때 4번 중 3번은 사는 데 실패해서 도대체 누가 먹고 소문 낸 거지 싶었는데… 음, 이제 내가 바로 그 사람이야… 당당하게 통에 담아달라고 했는데, 사이즈가 딱붙. 다회용기에 테이크아웃 하는 것이 어색하지 않은 동네에 살아서 좋다. 약간의 수고스러움이 의외로 엄청 큰 만족이다. 그리고 나에게 진짜 귀여운 빨간 자전거가 있는데, 이 추운 날 자전거에 락앤락을 태우고 굳이 구움과자를 사러 뿔리에 다녀왔다.

예쁘게 안 담긴다고 요리조리 방황하던 예쁜 손과 마음까지 다 좋았다. 좀 흐트러져도, 모양이 망가져도 락앤락 통에 싸 오는 기분이 좋다.

———
hsmoon921

떡볶이 맛있게 만드는 법

1. 맛있는 어묵집에 통을 들고 가서 어묵이랑 국물을 산다.
2. 떡집에 가서 가래떡을 담아달라고 용기를 내민다.
3. 집에서 둘을 합친다.
떡볶이는 육수 내기 귀찮고, 사 먹기엔 취향이 제각각이죠. 용기 두 개 챙겨서 맛있고 따끈한 떡볶이 만들어 드세요.

———
row_slow_

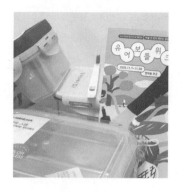

겉바속초

사실 락앤락커 활동 기간 동안
'담아 가기' 포장을 많이 했지만,
유어보틀위크 참여 가게에서
포장한 것은 처음이다. 개인적으로
락앤락과 장바구니를 세트로 챙겨
다니는 게 용이했다. 계속 가봐야지
생각했던 망원동 하이놀리. 숨은
맛집으로 유명하다. 내가 주문한
것은 꾸인아망 딸기 아몬드인데,
겉바속초 달달의 정석이다.
윗부분이 초콜릿인 것 같다. 겉은
설탕 코팅인지 잘 모르겠는데
덕분에 달고 살짝 딱딱하지만 속은
너무나 촉촉하다. 사장님도 친절
보스이시고 가게 곳곳에서 환경에
대한 소신이 엿보인다.

it_is_worth_the_effort

콜라도 괜찮아요

롯데리아에 비건 버거가 출시됐다는
말을 듣고 버거를 포장하러 갔다.
버거는 이미 종이에 싸여 있을 것
같은데 콜라랑 감자튀김은 용기에
받아낼 수 있을 것 같다는 기대를
하고 용기 내보았다! 너무나 쉽게
당연하다는 말을 듣고 콜라랑
감자튀김을 텀블러와 락앤락에
담아 왔다. 콜라도 플라스틱 쓰레기
안 만들고 마실 수있어요! 남은
감자튀김도 바로 뚜껑 닫아 보관하니
너무 간편!

koivone

비치해주세요

두 식구로 살다 보니 사려가마트에서
감자나 당근은 한두 개씩 사게 된다.
그때마다 흙이 다른 물건에 묻을까 봐
비치된 비닐봉투를 쓸 수밖에 없는데,
그러면 흙이 묻어 그 비닐봉투를
재사용하기도 어려웠다. 사려가마트가
유어보틀위크에 참여하면서 판매대에
종이를 비치해놓아 이렇게 포장해 왔다.
유어보틀위크가 끝나도 종이를 계속
비치해두면 좋겠습니다!

———
yoonjujin

정말 힙해 보여

요즘 이것도 먹고 싶고 저것도 먹고 싶을 땐 연희동 이곳저곳에서
'담아 오기' 한다. 픽업하기 5분 전에 전화로 예약하며 용기를
가져가겠다고 하니 흔쾌히 담아주신다. 기름기 있는 음식을 일회용
플라스틱 용기에 담으면 잘 씻기지 않을 뿐더러 음식을 먹은 뒤
부담감이 남는다. 직접 용기를 가져가 담아 오면, 음식을 소중하고
감사히 여기는 느낌이 들어 좋다. 음식을 먹는 나에 대한 존중이자
요리사에 대한 존중이랄까. 예전엔 용기를 들고 가는 게 번거롭다
느꼈는데 이제는 먹고 나서 치우는 쓰레기 처리가 더 불편하다.
내 소중한 음식을 예쁜 용기에 담아 오고, 먹을 만큼 먹고 남은 건
그대로 보관할 수 있어 오히려 편하다. 무엇보다 용기와 천주머니를
가지고 다니는 일은 정말 힙해 보여.

———
row_slow_

———

쓰레기를 거절할 수 있다

나는 마치 땅에서 재료가 솟아나듯
매 끼니 엄마가 농사지어 보내주신
것들로 밥상을 차려 먹고 있다.
덕분에 장도 안 보고, 외식도 거의
없이 지낼 수 있었다. 제로웨이스트를
실천하고 싶은 내게는 정말 행운
같은 일이다. 모두가 이렇게 밭에서
직접 키운 다양한 제철 식재료로
밥상을 만들어낼 수 있다면
좋겠지만, 안타깝게도 도시에 사는
현대인에게는 그럴 만한 시간적
여유도 공간적 여유도 없다. 그러니
유어보틀위크 같은 행사가 감사한
일이 아닐 수 없다. 연희동으로
이사를 와서 가장 좋은 점 중 하나가
바로 이런 활동을 할 수 있게 된
것이다. 일회용품이 남용되는 순간에
나는 죄책감을 느끼곤 했다. 하지만
달리 어떤 것을 할 수 있는지 알지
못했다. 내가 가져온 쓰레기를 다른
용도로 최대한 재사용할 뿐이었다.
그런데 놀랍게도 우리는 애초에 그
쓰레기를 거절할 수 있었다. 포장할
수 있는 용기를 챙기는, 아주 사소한
노력을 더한다면 일회용품을 쓰지
않고도 음식을 포장해 올 수 있다. 그
단순한 방법을 잊고 지냈던 것이다.

내가 사는 곳이 제로웨이스트에
별 관심이 없는 곳이었다면, 나는
외로이 락앤락 용기를 들고 용기 내어
포장을 부탁했을지도 모른다. 그냥
다들 쓰는 일회용품인데 뭘 그렇게
피곤하게 사느냐는 말을 들었을 것만
같다. 그만큼 일회용품을 쓰는 것이
당연한 일이다. 하지만 이곳에서는
머지않아 개인 용기를 가지고
다니는 것이 당연하게 되지 않을까.
그렇게 차츰차츰 더 많은 지역에서
일회용품이 줄어들기를. 나는
유어보틀위크가 끝난 후에도, 락앤락
용기를 들고 다니며 일회용품을
거절할 생각이다!

———————

whatseatingozzy

어쩔 수 있지

코로나 시대에 밖에서 맘 편히
친구들 만나기 힘들다 보니 점점
더 집 안에서 혹은 실내 공간을
빌려서 놀게 된다. 사람 많은 곳을
피하며 방역 수칙을 준수하는 것은
좋지만 그만큼 늘어나는 배달 음식과
플라스틱 쓰레기들! 유어보틀위크
덕분에 쓰레기 하나 없이 맛있는
음식을 무포장으로 담아 올 수 있었다.
무대륙에서 용기 지참으로 할인까지
받으며 담아 온 비건 음식들. 덕분에
방역 수칙을 준수하면서 "어쩔 수
없지"에 동참하지 않고 제로웨이스트
실천할 수 있었다지.

———
bori.hami.

손두부는 원래 크단다

주섬주섬 통을 챙기고 차에서
내려 즉석손두부 명문식품에
접근해서는 "사장님 여기에 담아갈
수 있나요?"라고 여쭤보고 "하나밖에
안 들어가겠죠…?"라고 괜한 아쉬움을
표현한 뒤 지갑에서 잠자고 있던
만 원짜리를 꺼내는 동안 사장님은
제로클럽의 큐알코드를 내밀어주시고
살면서 처음으로 두부를 테이크아웃
했다는 사실에 신나서 차로 돌아와
엄마한테 하는 말. "엄마 두부 짱 커!
이거 얼마게?" "천오백 원." "그걸
어떻게 알았어?" "세상 물정을…"
"이거 너무 귀여워 포동포동해…"
"원래 손두부는 커."

———
lazy_keewon

거북이의 나들이

금이 가서 찬장에만 넣어두었던 거북이
텀블러, 오랜만에 바깥 구경시켰다. 음료는
못 담아도 깊이가 있어서 이것저것 쏠쏠
담기 좋다. 일하던 카페도 거리두기 때문에
이른 겨울방학을 맞았고, 오랜만에 집에
내려가서 엄마 아빠랑 커피 내려 마셔야지.

haemtaku

나의 나무가 또 한뼘 자랐다

친구들과 함께 나눠 먹을 생각으로 봄꽃김밥에서 한 줄은 기본. 한
줄은 채식김밥으로 주문하고 챙겨 간 락앤락을 내밀었다. 제로클럽
앱 큐알코드를 찍었더니 앱 속 나의 나무가 또 한뼘 자랐다.
꽃도 피고 열매도 맺는다는데 아직 내 나무에는 꽃만 피어 있다.
귀욤뽀짝한 이 나무가 커가는 과정을 보는 게 어찌나 뿌듯하던지.
유어보틀위크 기간 동안 '계획적인 소비'를 할 수 있도록 만들어준
것에 얼마나 감사하던지. 유어보틀위크는 끝났지만 my zero-waste
life goes on…!

row_slow_

따듯한 두부

플라스틱 용기에 담긴 차가운 두부만 사다가 처음으로 따뜻한 두부를
용기에 담아 사 왔습니다. 엄청 큰데 저렴하고 심지어 맛있어요.

ahhojin

귀엽고 씩씩하고 자랑스러워

카페 여름에서 사온 원두. 우리는 여전히 집에서 열심히
'미지근카페'를 운영하며 뚝딱뚝딱하고 있기에 늘 모카포트용으로
원두를 갈아서 받아 온다. 고소하고 아주 맛있다. 그리고
보틀라운지에서 주민들과 함께 "(안 주셔도) 괜찮아요!"라고 외치는
멋진 체조도 배웠다. 아주 감동적이고도 따뜻한 시간이었다.
이렇게 용기를 들고 연희동 곳곳을 쏘다니는 것이 참 재미있다.
우리를 아는 친구들도 모르는 이웃들도 각자 자신만의 용기를 들고
다니며 이것저것 구매하고 또 비우는 모습을 상상하니 너무 귀엽고
씩씩하고 자랑스럽다. 모두 조금은 더 멀찍이서 서로를 바라보고
기다려야 하는 지금 어려운 이 시기에 더 소중하고 의미 있는
활동이다. 어쩌면 이 변화된 세상과 시대에 필요한 새로운 삶의
방식으로! 새로운 가능성으로!

whatseatingsera

유산지 없이 샌드위치 포장하는 방법에 대한 연구

첫 시작은 03인앤아웃에서 샌드위치 포장. 사실 샌드위치를 이렇게
용기에 담아가는 건 난생 처음이라 떨리고 설렜다. "담아 가도
될까요?" 여쭤보니 사장님도 샌드위치를 락앤락 용기에 담아 가는
손님은 처음이라 어떻게 포장해주면 좋을지 물으셨다. 나도 처음이라
횡설수설했다… 어떻게 담아야 할지에 대해서는 전혀 생각을 안 한
것이다. 결국 사장님과 의논 끝에 보통은 치아바타가 흘러나오지
않도록 유산지로 꼼꼼하게 두세 번 감싸는데 이번엔 딱 한 번만
감싸고 락앤락 용기에 넣는 것으로 결정했다. 제로웨이스트에
대해서도 이야기해보고 여러 가지 좋은 대화를 나누었다.
돌아오는 길에 제로웨이스트 실천은 결국 일방적으로 혼자 해서는
안 된다는 생각이 들었다. 사장님이 나의 의도를 생각해주고
배려해주지 않았다면 포장이 결코 쉽지 않았을 것이다. 빵순이인
내가 이렇게 개인 용기를 사용해본 것은 처음이라 뜻깊은
순간이었다. 그나저나 유산지 없이도 샌드위치 내용물이 흐트러지지
않게 포장하는 방법은 없을까? 연구가 필요하다. 쓰레기가 아예
없이 포장하고 싶었는데 좀 아쉬웠기 때문이다. 생각해보면
수제버거를 포장하는 경우에도 필요하고!

———
fromsssun

내 의지로 바뀔 수 있음

동네 완소 가게에서 내가 유어보틀위크 개시했다. 픽앤캐리
새우볶음밥과 가고싶은선리네 사장님 어머니표 국을 포장! 그리고
매일 가는 사러가마트! 며칠 전 비닐을 안 쓰려고 고구마를
장바구니에 바로 넣어 왔더니 흙이 장바구니에 묻어 좋지 않았다.
오늘은 미리 락앤락 용기 챙겨 가서 고구마와 옥광밤을 깨끗하게
담아 왔지. 채소 코너 담당 직원분께서 나를 보시고 칭찬하면서
신발 담는 부직포 주머니가 사용하기에 좋다며 새로운 제안까지
해주셨다. 늘 가던 곳들, 그리고 먹는 것들이 내 의지로 바뀔 수
있음을 경험하는 중이다. 내가 줄인 포장 용기 덕분에 제로클럽의
나무도 많이 자랐다. 나도 함께 커가는 것 같아서 점수에 여전히
집착 중.

———
classic.lim

폭풍눈물 폭풍감동

비건 음식을 먹어보고 싶다고 생각하던 차에, 망원동
어라운드그린에서 다회용기로 포장해 먹기로 했다. (시국이
시국인지라…) 나름 열심히 알아보고 반찬통을 챙겼다고 생각했는데,
생각보다 양이 너무 많았다. 두부데리야끼 덮밥과 버섯피자를
시켰는데 용기가 턱없이 부족했다. 그랬더니 주인분이 "혹시 여기
자주 오시는 거면 통을 빌려드릴테니…"라며 피자를 다회용기에
담아주셨다! 안 그래도 피자가 너무 커서 조각조각 종이로 포장을
하셨어야 했는데 처음 보는 손님에게 '너무나 흔쾌히' 용기를
빌려주셨다. (폭풍눈물) 너무 번거롭게 하는 것 같아 죄송하다고
했더니 오히려 다회용기에 포장해줘서 고맙다고 하셨다. (폭풍감동)
그렇게 진짜 정말 맛있게 비건 음식을 먹을 수 있었다. 사장님
감사해요. 얼른 통 가져갈게요!

———

newww_y

흙이 좀 묻는 것쯤이야

장을 보러 연희동 사러가마트에 갔다. 가판대에 포장 없이 쌓여
있는 과일과 야채가 영롱한 색을 뽐내고 있었다. 가을 단감, 토마토,
감자를 먹을 만큼 담았다. 안 그래도 자취생은 과일을 잘 못 먹는데,
언젠가부터 과일을 사면 함께 오는 플라스틱이 싫어서 '안 먹고 말지'
하게 됐다. 다른 슈퍼에서 흙감자나 흙당근을 비닐 없이 계산대에
가져가면 점원분이 항상 "흙이 가방에 묻으면 어떡해~" 하시며 비닐에
담아주려고 한다. 괜찮다고 필요 없다고 3번 이상 말씀드려야 비닐
없이 가져갈 수 있다. 그렇기 때문에 이런 가게는 나에게 의미 있고
소중한 곳이다. 연희동에 살지도 않는데 유어보틀위크에 참여하는
가게를 들를 때마다 '다음에 또 와야지' 하는 생각이 든다. 조금
귀찮음을 감수하더라도 꾸준히 방문하고 싶다. (조금 아쉬웠던 점은
가격이 살짝 비싸다는 것과 과포장된 상품과 함께 진열되어 있다는
점! 그래도 무포장으로 살 수 있는 게 어디여!)

marine.kang

이제 내일의 반찬을 만들러 가자

양파망의 새활용, 당근 주머니! 가격표
발행이 필요 없는 가지는 바로 가방에
쏙! 뭐랄까… 나는 무계획의 아이콘인
데다가 언제나 쿨하지 못해 미안한
사람인데 이렇게 장을 보면 마치
아주 계획적이고 털털한 사람이 된
것 같은 기분이다. 흙 좀 묻으면 어때,
털어내면 그만이지! 이제 내일의
반찬을 만들러 가자.

———
leesol_

작은 놀이터를 기억해요

작년 이맘때 홍제천 근처 카페에서 재밌는 프로젝트를 한다는
홍보물을 본 적이 있다. 작은 우리 동네 환경을 바꾸기 위한 작은 놀이.
그 놀이터에서 함께 뛰어 놀고 싶어졌다. 과연 내가 살던 곳도 아니고,
이웃 하나 없는 이곳에서 '왜' 그랬을까? 일년이 지나고 돌아보니
답이 나왔다. 어느새 텀블러가 착 달라붙었고, 칫솔 마저도 대나무를
고르고 있는 나. 사과를 좋아하는 요즘, 외출할 땐 다회용기에 담아
먹고 있다. 이렇게 작은 변화가 내 안에서 일어났다. 이것으로 충분히
재밌고 유익했던 놀이였다. 지금은 그 놀이터에서 함께 놀지는 못한다.
허나 그때 그 즐거움을 늘 기억하며 살아가다 보면 또 같이 할 수
있는 순간이 오겠지 하며, 내가 서 있는 이 땅 위에서 할 수 있는 것을
하면서 묵묵히 살아 숨쉬길.

————
saladappang

수많은 용기들에서 나오는 용기

사실 혼자서 제로웨이스트 실천을 노력하면서 낙담했던 적이 한두 번이 아니었어요. 저 멀리까지 가서 종이 포장된 쌀을 사 왔는데 남편이 이중, 삼중으로 비닐 포장된 식재료를 사 온다거나. 그럴 때마다 어찌나 기운이 빠지던지요. 그런데 이번에 유어보틀위크에 처음으로 참여하면서 연대의 힘을 느꼈어요. 수많은 용기들에서 오는 용기! 더욱 힘내서 제로웨이스트를 하다 보니 남편은 물론 친정 가족도 빠르게 변하고 있습니다. 제가 제안하기도 전에 '용기' 내주고 있어요. 우리는 변할 수 있어요! 용기 북돋아줘서 감사합니다.

——

lazyiri

2018 유어보틀위크

일회용품 없이 음료를 테이크아웃할 수는 없을까? 쉽지 않겠지만 홍대 인근 7곳의 카페와 함께 시도해보려고 합니다. 한 번 쓰고 버려지는 일회용 컵 대신 사용하게 될 컵은 '찬장 속에 잠들어 있던 텀블러'입니다. 8월 한 달 동안 약 600개 텀블러를 기부받았고 이후 세척, 살균 과정을 거쳤습니다. 일주일 동안 일곱 곳의 카페에서 이 텀블러를 빌려드립니다.

참여 가게

상호	품목	주소
대루커피	음료	서울시 마포구 동교로 70
롯지190	음료	서울시 서대문구 홍제천로 190
무대륙	음료	서울시 마포구 토정로5길 12
보틀팩토리	음료	서울시 서대문구 홍연길 26
어쩌다가게 라운지	음료	서울 마포구 동교로 30길 21
이리카페	음료	서울시 마포구 와우산로3길 27
커피감각	음료	서울시 마포구 동교로29길 40

프로그램

제목	성격	일시	장소	진행	소개
커피통론	강연	9.16 10:00	대루커피	박대루	원두와 농장, 가공법, 유통 과정 등 '한 잔의 커피가 우리 손에 오기까지'의 긴 이야기.
플라스틱 차이나	상영회	9.16 16:00	보틀 팩토리	여성 환경연대	재활용 쓰레기 대란의 발단이 된 다큐멘터리 〈플라스틱 차이나〉. 함께 보고 이야기 나누어요.

제목	성격	일시	장소	진행	소개
보랏빛 자연염색	워크숍	9.17 14:00	보틀 팩토리	신정미	보라색에서부터 회색까지, 자연의 색을 머금은 스카프를 만들어봅니다.
허브티 블렌딩& 다회용 티백 만들기	워크숍	9.18 14:00	무대륙	사이렌 (모호스페이스)	서촌의 테라피적 공간, 모호와 함께 허브를 공부하고 거즈로 재사용 가능한 허브 티백을 만들어봅니다.
식물상담소	워크숍	9.20 14:00	롯지190	정수진	내가 키우면 왜 자꾸 죽는 걸까… 고민하고 있다면 식물상담소를 찾아주세요.
비누그물 가방 만들기	워크숍	9.20 18:30	보틀 팩토리	김효진	비누나 샴푸바를 담을 수 있는 '그물 가방'을 손으로 매듭지어 만들어봅니다.
융필터 만들고 융드립 배우기	워크숍	9.21 14:00	커피감각	여성 환경연대, 방규영	우리가 커피 한 잔을 즐기는 동안 버려지는 종이 필터, 이제 굿바이!
생태건축으로 카페 만들기	워크숍	9.22 11:00	보틀 팩토리	이민영	비전화공방 서울이 천천히 만들고 있는 생태건축+적정기술 카페. 그 흥미로운 시도와 과정을 듣고 이야기 나누어봅니다.
윤호섭 선생님 강연&티셔츠 퍼포먼스	강연	9.22 15:00	보틀 팩토리	윤호섭	그린 디자이너 윤호섭 선생님의 강연과 헌 티셔츠를 새롭게 바꾸는 티셔츠 퍼포먼스
스믈스믈 저녁살롱	모임	9.22 18:00	보틀 팩토리	—	러쉬의 브랜드 이야기, 제로웨이스트, 쓰레기 여행 등 누구나 하고 싶은 이야기가 있다면 삼삼오오 모여 이야기를 나눌 수 있는 '열린 살롱'입니다. 맥주와 비건 푸드도 함께합니다!
녹색서가	전시	9.16 - 22	라운지	—	일주일 동안 함께 읽고 싶은 책들을 준비해뒀습니다. 커피와 함께 음미해주세요.

2019 유어보틀위크

2018년 홍대 인근 7곳의 카페에서 시작된 유어보틀위크는 '일회용품 없는 일주일'을 목표로 하는 제로웨이스트 페스티벌입니다. 일주일 동안 참여 카페에서는 일회용 빨대 대신 다회용 빨대를, 일회용 컵 대신 시민들이 기부해준 600개의 텀블러를 사용했습니다. 올해로 두 번째를 맞은 유어보틀위크는 연희동으로 공간을 한정하는 대신 경험의 폭을 확장합니다. 페스티벌 기간 동안 카페뿐 아니라 베이커리, 떡집, 분식집 등 동네의 다양한 가게에서 무포장 구매를 실천할 수 있습니다. 함께 즐길 수 있는 공연, 공론장, 워크숍과 같은 프로그램도 다양하게 준비했어요. 우리 동네에서 시작되는 변화, 함께해주세요.

참여 가게

상호	품목	주소
경성참기름집	깨, 소금, 들깨가루	서울시 서대문구 홍연길 66
궁중떡집	떡	서울시 서대문구 홍연길 82
낭만달	빵	서울시 서대문구 증가로10길 60-7 101호
늬에게	음료	서울시 서대문구 증가로2길 54
롯지190	음료	서울시 서대문구 홍제천로 190
마콩떡볶이	분식	서울시 서대문구 홍제천로 156-7
배익헌씨	베이컨, 치즈	서울시 서대문구 홍연길 24 1층
버드네김밥	분식	서울시 서대문구 가좌로 29
보틀팩토리	음료	서울시 서대문구 홍연길 26
봄꽃김밥	분식	서울시 서대문구 연희로36길 10
장우손어묵	분식	서울시 서대문구 홍연길 93
카페샘(이사)	음료	서울시 서대문구 홍제천로2길 100
까페 여름	음료	서울 서대문구 가재울로 6길 53-3
크문	음료	서울시 서대문구 홍제천로 198
포포브레드	빵	서울시 서대문구 증가로 18
피터팬1978	빵	서울시 서대문구 증가로 10

상호	품목	주소
히메지 2호점	카레	서울시 서대문구 연희로11길 41
ER 커피 연희점	음료	서울시 서대문구 홍연길 80

프로그램

제목	성격	일시	장소	진행	소개
잡식가족의 딜레마	상영회	9.22 19:00	보틀 팩토리	—	사랑할까, 먹을까? 우리나라 공장식 축산의 현실을 담담하게 보여주는 다큐멘터리 <잡식가족의 딜레마> 상영.
밀랍랩 만들기	워크숍	9.23 19:00	보틀 팩토리	허니랩	일회용랩 대신 계속 사용하는 밀랍랩을 직접 만들어보는 시간입니다.
젓가락 깎기	워크숍	9.25 14:00, 9.26 19:00	칠공소	칠공소	사각사각 천천히 나만의 젓가락을 깎아보아요.
순환의 계절 산책과 그림 기록	워크숍	9.27 15:00	늬에게	탐씨	땅 위에 떨어진 나뭇가지, 솔방울을 주워 콜라주 하여 한 장의 종이 위에 가을을 기록합니다.
안녕을 기도하는 밤: 정밀아	공연	9.28 19:00	보틀 팩토리	정밀아	낮과 밤, 봄 여름 가을 겨울, 빛과 바람이 담겨 있는 정밀아 님의 노래를 짙어진 가을밤 유어보틀위크에서 같이 들어요.
아티피셜 (Artifishal)	상영회	9.29 19:00	보틀 팩토리	김광현 (파타고니아)	야생 물고기를 위한 투쟁 그리고 이를 지지하는 사람들의 이야기, 다큐멘터리 <Artifishal>을 보고 이야기 나누어요.
에코백 플리마켓	마켓	10.1 12:00	롯지190	—	조금씩 모은 에코백들이 어느새 산을 이뤄 이제는 우리 손을 떠날 때가 되었습니다. 에코백과 텀블러, 그 외 작은 장식품과 컵, 접시가 새 주인을 기다리고 있어요!

제목	성격	일시	장소	진행	소개
N개의 공론장 「우리가 먹는 사이」	공론장	10.1 19:30	까페여름	이현철, 황윤	인간의 먹거리로서의 동물을 어떻게 태어나고, 키워지고, 고기가 되는가. 동물을 착취하는 지금 시스템을 어떻게 바꿀 수 있을지 대안을 탐구해보아요.
N개의 공론장 「'요즘 것들'의 커뮤니티」	공론장	10.2 19:00	카페샘	카페샘	커뮤니티를 이루는 것에 관심이 있는 '요즘 것들'이나 '요즘 것들'의 커뮤니티에 관심이 있는 누구나 환영합니다.
사려 깊은 밤: 빅베이비 드라이버, 김목인	공연	10.3 19:00	보틀팩토리	빅베이비 드라이버, 김목인	나지막한 목소리에도 우리를 귀 기울이게 하는 빅베이비 드라이버 님과 김목인 님의 노래를 여유로운 개천절 밤 유어보틀위크에서 같이 들어요.
N개의 공론장 「일회용품을 없애다」	공론장	10.5 18:00	보틀팩토리	이현철, 정다운	우리 동네에서 시작되는 변화. 일상을 바꾸기 위해, 우리 동네를 변화시키기 위해 무엇을 할 수 있을지 함께 이야기해보아요.

2020 유어보틀위크

유어보틀위크는 올해 세 번째를 맞는 지역 기반 '제로웨이스트' 페스티벌입니다. 11월 한 달 간 연희동, 홍제천 일대의 마트, 베이커리, 떡집, 쌀 상회, 카페, 반찬가게, 식당 등 50여개 지역 가게에서 일회용품 없이 개인 용기로 사는 경험을 제공합니다. 유어보틀위크 기간의 경험을 통해 '버릴 것 없는 일상'을 습관으로 만들어보세요.

참여 가게

상호	품목	주소
개인주의	음료	서울시 서대문구 홍제천로6길 17
경복쌀상회	쌀, 잡곡	서울시 서대문구 연희로11길 41
경성참기름집	깨, 소금, 보리차	서울시 서대문구 홍연길 66
똘리	음료, 디저트	서울시 서대문구 홍제천로 198
락희안	중식	서울시 서대문구 가재울로4길 53
롯지190	음료, 그래놀라	서울시 서대문구 홍제천로 190
마우디	양식	서울시 서대문구 연희로11길 18
멕시칸치킨	안주, 생맥주	서울시 서대문구 홍연길 82
명문식품	두부	서울시 서대문구 증가로10길 9
무대륙	음료, 생맥주, 식사, 디저트	서울시 서대문구 가재울로 52
민들레 반찬	반찬	서울시 서대문구 가재울로 52
배익헌씨	베이컨, 치즈	서울시 서대문구 홍연길 24
버드스틱	디저트	서울시 서대문구 증가로 49
보틀라운지	음료, 템페	서울시 서대문구 홍연길 26
보틀팩토리	세제 리필	서울시 서대문구 홍연길 26, 지하
봄꽃김밥	분식	서울시 서대문구 연희로36길 10
사러가	채소, 과일	서울시 서대문구 연희맛로 23
선리네	식사	서울시 서대문구 증가로 53

상호	품목	주소
섭이네	맥주, 분식	서울시 서대문구 연희로11가길 39
쇼콜라티끄	초콜릿 음료	서울시 서대문구 연희회로 17-18
쌀꽃피는날	빵	서울시 서대문구 가재울로4길 40
알맹상점	세제 리필	서울시 마포구 월드컵로 49 2층
앤드그리고	와인 안주	서울시 서대문구 홍제천로 186
엄마식탁	한식	서울시 서대문구 연희맛로 17-21
에브리띵베이글	베이글, 음료	서울시 서대문구 연희로11길 29
에스페란자 로스터즈	음료	서울시 서대문구 증가로4길 58-15
연희단팥죽	팥죽, 팥빙수	서울시 서대문구 연희로11가길 8-5
연희떡집	떡	서울시 서대문구 홍연길 82
완숙	안주	서울시 서대문구 명지대길 35
왕왕	중식	서울시 서대문구 연희맛로 27
은하네반찬	반찬	서울시 서대문구 홍연길 69
장우손어묵	분식	서울시 서대문구 홍연길 93
증가로커피공방	음료	서울시 서대문구 증가로10길 36-55
초월(영업 종료)	음료	서울시 서대문구 연희맛로17-13
까페 여름	음료, 원두	서울시 서대문구 가재울로 6길 53-3
컬러드빈	음료	서울시 서대문구 연희로11가길 8-8
쿳사	브런치, 음료	서울시 서대문구 증가로 48
텃골	분식	서울시 서대문구 연희로 241
페이퍼넛츠	그래놀라, 요거트, 음료	서울시 서대문구 거북골로24길 37-8
페퍼민트패티	수제버거	서울시 서대문구 연희로11가길 53
포포브레드	빵	서울시 서대문구 증가로 18
폴앤폴리나	빵	서울시 서대문구 연희로11길 56
피터팬1978	빵	서울시 서대문구 증가로 10
피카니피카노	디저트	서울시 서대문구 연희로11길 30

상호	품목	주소
픽앤캐리	델리	서울시 서대문구 증가로 13-9
하이놀리	빵, 음료	서울시 마포구 망원로1길 12
행복감	그래놀라, 요거트, 음료	서울시 서대문구 연희로 11가길 51
황씨네	맥주, 식사	서울시 서대문구 홍제천로 116
희로	안주	서울시 서대문구 성산로 325
히메지 2호점	카레	서울시 서대문구 연희로11길 41
ER 커피 연희점	음료	서울시 서대문구 홍연길 80
03인앤아웃	샌드위치	서울시 서대문구 연희로11길 57

프로그램

제목	성격	일시	장소	진행	소개
뉴락 (New Rock)	전시	11.7-30	보틀 라운지	장한나	'뉴 락'은 자연에서 찾아낸 암석화된 플라스틱입니다. 장한나 작가님이 관찰하고 채집한 자연스러운 '뉴 락'이 주는 메시지는 또 다른 경고로 들립니다.
생쓰레기 퇴비화 실험	워크숍	11.9 14:00	보틀 팩토리	유광모	채소, 과일 껍질 등 조리하지 않은 생쓰레기들은 훌륭한 퇴비가 될 수 있습니다. 집에서 생쓰레기 퇴비화 해보고 싶은 분들, 함께 배우고 실험해보아요.
달콤한 플라스틱 제국	상영회	11.12 19:00	보틀 팩토리	정지혜	'재활용은 정말 일회용 플라스틱 문제를 해결해줄까?' 유리병에 담긴 마지막 코카콜라를 판매하는 탄자니아의 재활용 산업을 따라가봅니다.
젓가락 깎기	워크숍	11.13 14:00	보틀 팩토리	칠공소	정성스럽게 깎은 젓가락으로 식사하는 일은 생각보다 기분이 좋답니다. 명상하듯 무념무상으로 나무를 깎으며 마음의 평화를 나눠요.

제목	성격	일시	장소	진행	소개
괜찮아요 체조 (No need)	워크숍	11.16 19:00	보틀 팩토리	송주원	개인 용기를 가져왔으니 일회용품 '안 주셔도 괜찮아요!' 제로 웨이스트 습관에 꼭 필요한 거절의 말들로 만든 '괜찮아요' 체조. 영상 상영 후 함께 체조를 배워봅니다.
나와 일상, 자연을 돌보는 이너가드닝	토크	11.18 19:00	보틀 팩토리	김민주	자연물을 활용하는 '네이처 위빙(Nature Weaving)'과 함께 일상과 내면, 공동체와 자연을 함께 돌보는 이너가드닝 이야기를 들어보아요.
감사의 식탁	워크숍	11.20 19:00	보틀 팩토리	김진수	매일 식사 후 모습을 사진으로 기록하며 자연과 사람의 정성이 들어간 귀한 식사의 의미를 돌이켜보는 '감사의 식탁'의 이야기를 나눕니다.
플라스틱 층에서 엘리베이터가 멈추다	토크	11.21 16:00	보틀 팩토리	장한나	전시 《New Rock》 연계 토크. '플라스틱층'에 살고 있는 우리. 내가 플라스틱을 사용하지 않는 것이 무언가를 바꿀 수 있을까요?
제로 웨이스트 염색	워크숍	11.23 14:00	보틀 팩토리	신정미	아보카도 씨앗과 껍질, 양파 껍질, 밤 껍질 등 … 식탁에서 버려지는 것들을 모아 색을 물들입니다.

유어보틀위크 아카이빙 북

일주일만 해보면 어떨까요?

1판 1쇄 펴냄 2021년 11월 2일

기획   보틀팩토리, 도구
진행   이가은
취재   김이재
편집   도구
디자인   디자인수다

보틀팩토리
주소   (03695)서울시 서대문구 홍연길 26, B1
전화   070-4127-1185
전자우편   bottlefactory0708@gmail.com
홈페이지   bottlefactory.co.kr

아침달
출판등록 제2013-000289호

© 보틀팩토리, 2021
값 14,000원

ISBN 979-11-89467-31-9 (03330)